景仰賢達
同心同德
科學民主
繼武前行

壬辰夏 韓啟德

九三学社人物丛书

张玺传

薛原　胡修江　著

學苑出版社

图书在版编目（CIP）数据

张玺传／薛原，胡修江著．—北京：学苑出版社，2012.9

（九三学社人物丛书）

ISBN 978-7-5077-4084-4

Ⅰ．①张…　Ⅱ．①薛…　②胡…　Ⅲ．①张玺－传记　Ⅳ．①K825.72

中国版本图书馆 CIP 数据核字（2012）第 185753 号

责任编辑：周乙龙　方晓喆
封面设计：智行东方
出版发行：学苑出版社
社　　址：北京市丰台区南方庄 2 号院 1 号楼
邮政编码：100079
网　　址：www.book001.com
电子邮箱：xueyuan@public.bta.net.cn
销售电话：010-67675512、67678944、67601101（邮购）
印 刷 厂：高碑店鑫宏源印刷厂
开本尺寸：787×1092　1/32
印　　张：7.125
字　　数：112 千字
版　　次：2012 年 9 月第 1 版
印　　次：2012 年 9 月第 1 次印刷
定　　价：17.00 元

总　序

九三学社是在中共抗日民族统一战线政策影响和感召下，于抗日战争后期成立的，她参与新中国的建立，成为在中国共产党领导下爱国统一战线中八个民主党派之一。在共和国成立以来的60多年里，九三学社始终弘扬爱国、民主、科学的传统，与中国共产党风雨同舟，共同探索中国特色社会主义政治发展道路，在国家建设、改革、发展征途上留下了闪光的足迹。在此历史进程中，九三学社发展成为拥有13万多名社员、组织比较健全、有较强参政能力和较高社会地位的政党。

九三学社走过的历程，是一部无数优秀人物引领广大同仁一往无前、执著追求的奋斗史。抗日战争时期，面对国破家亡、山河破碎，九三学社创始人或多方奔走，参与抗日，或介绍新知，宣传救国。解放战争时期，面对独裁专制、民不聊生，九三学社同仁或大声疾呼民主，反对暴政，或积极主张科学，倡导革新。新中国成立后，面对百废待兴的局面，九三学社同仁和全国人民一起殚精竭虑、奋斗不止。九三学社各个时期旗帜性人物身上体现出的崇高风范和优秀品质，是我社最宝贵的精神财富。回顾九三学社的历史，我们有勇往直前、舍生取义的革命家和社会活动家，有淡泊名利、刻苦钻研的科学家，有不畏权势、追求真理的人文学者，有忍辱负重、甘为人梯的教育工作者……他们共同铸就了九三学社一以贯之的灵魂——爱国、民主、科学，九三学社的优良传统在他们身上得到最好的诠释。

九三学社中央一直重视整理保存社史、发挥社史资政育人的作用，2007年又启动了以史料抢救和整理为重点、包括七个方面内容的社史工程。几年来，社史工程取得了显著成绩，《社史研究通讯》的编辑出版、社史专题片的拍摄、口述史工作的启动、社史文物收集等各个方面都有不同进展。“九三学社人物丛书”作为社史工程的一项重要内容，经过各方面辛勤的努力，也结出了丰硕的成果，第一批图书已完成了撰写、编辑，即将出版。这套丛书选取九三学社重要创始人、早期著名社员、历任社中央领导，以及在本人所从事领域里取得突出成就的旗帜性人物，力图以翔实的史料和平实的语言再现前辈先哲们曲折丰富的人生历程和绚丽夺目的光辉业绩。我相信，丛书的出版必将激发我社成员和广大读者继承他们的优良传统，体会他们忧国忧民的赤子情怀，感受他们坚毅从容的人格风范，学习他们精益求精的科学精神，为巩固、完善和发展中国共产党领导的多党合作和政治协商基本政治制度，为中华民族的伟大复兴，做出更大贡献。

是为序。

韩启德

2012年8月

目 录

第一章　从平乡到巴黎（1897—1931）

河北省平乡县，自古就是重要的军事要冲，《畿辅通志》说它“为天雄信都之孔道，山左山右之通衢”。自古燕赵多慷慨悲歌之士，北方的山原风雨锻造了这片地域的精神和文化，从而影响了生于斯长于斯的一方民众。

第一节　家世

1897 年 2 月 11 日，张玺出生在一个叫作东田固村的村子里。他的家庭是传统的“敦厚”、“好儒”的耕读之家。张玺名“玺”，字“尔玉”。关于他的名字，植物学家吴征镒先生有这样一段解读：

> 张玺先生，字尔玉，常以字行。“玺”本是古代皇帝御用的印信，但他的品格却连一点作“素王”、

当“素臣”的意思都没有，而是一位脚踏实地的我国老一代科学家的典范。他所以常用“尔玉”这个字，大约取其“守身如玉”、“洁身自好”的本意。

名字上所带的富贵期许和官宦愿望，也许来自于家庭，但一个人的命运最终还是要由自己来书写。综观张玺的一生，是远离金钱与政治的，他自上学开始，便默默地钻进书斋，在自己喜欢的领域里孜孜探求。后来，他走出了书斋，又融入江海，做了一个不知疲倦的海边拾贝人，不是“蓝田日暖玉生烟”，而是“沧海月明珠有泪”，这人生，蕴含着太多的耐人寻味。

据张玺回忆，他有一个不算贫寒但也不算显赫的家庭，因为祖先还是有一些荣耀的。他的祖父是清朝的武举，曾教过武学，但因为吸食鸦片，在53岁时就去世了，那个时候张玺也就刚刚记事，所以还能记得他生病时的情形。张玺的父亲是兄弟二人，子承父业，父亲考中了武秀才，叔叔却没有考中，在家务农。所谓“耕读传家久，诗书继世长”，耕种还是第一位的。那个时候，他的家中有田地150—200亩，也雇长工，有时一个，有时两个，农忙时候就雇短工，一家人就这样依靠土地维持着生计。闲暇时候，一家人围坐，茶余饭后谈一些本土的掌故、民间的传闻，那个带领黄巾军起义的张角，还有与海瑞齐名的清官罗时中，梅花拳的创始人邹宏义……这些，都是平乡历史的骄傲。

张玺生逢乱世，历经几个时代，最后在“文革”开始时去世，虽非长寿，也算是到了“古稀”之年，他的那些兄弟姐妹可就没有这样的“好运”了，大多以短命告终。像张玺的名字一样，他的兄弟姐妹也都有一个和美玉相关的名字：二弟张瑞，三弟张珍，四弟张璸。大多数中国人的家庭，父母祖辈都希望“家家抱荆山之玉，人人握灵蛇之珠”。令人感叹的是，除了老大张玺之外，其余的兄弟三人和他的一姐一妹，均在30—40岁间去世，张玺的母亲也在48岁时病逝。

世事如烟，当晚年的张玺忆及这些，应该怀着何等的滋味呢？

第二节　耕读

1904年，张玺7周岁，开始入本村私塾读书，这也是当时一般家庭孩童的最好选择。耕田、读书，读书的目的是为了改变耕田的命运，实现“朝为田舍郎，暮登天子堂”的梦想。但是，时代已经开始发生巨变，古老的清王朝已经是大厦将倾。就在张玺入私塾后的第二年，直隶总督兼北洋大臣袁世凯就奏请停止科举，推广学堂。

1906年，所有的乡试、会试就一律停止了。这些社会的巨变，决定了张玺后来的人生选择。

但那个时候的乡间私塾，还预见不到未来发展的趋势，新潮的东西还浸润不到这个偏僻的小村落，他们也只是沿袭着古旧的习惯，一如既往地安排着孩子们的学习和生活，所读之书无非就是四书五经、孔孟之道。几年的时光过去，到了1911年，在张玺14岁的时候，他进入本县城内的高等小学堂。这一年，干支属辛亥，中国的历史因为一场革命而发生了巨变，清王朝被推翻，孙中山被推选为临时大总统，社会生活的各个方面也都随之发生了改变，包括张玺就读的本县高等小学堂。据张玺说："在学三年，颇知用功，学习中外史地数学，还有物理——当时称'格致'，每次考试，总是名列前茅。"也就是这些因为社会的巨变而带来的学堂教育科目的变化，为张玺后来从事海洋科学研究做了良好的启蒙。从某种程度上说，张玺是和那个时代无数的杰出人才一样，在清末民初西学东渐的大背景下找到了自己的位置，开始了漫漫的求索之路。

1914年，张玺17岁，高小毕业。因家庭经济困难，无力升普通中学，只得在家耕读。所谓耕读，就是农忙时下地、秋毕自修，把学习的时间挤进繁重的农业劳动中间。一年之后的1915年夏天，他去邢台投考第四师范（公费），未被录取。就在失望与前途未卜而心情沮丧的时候，恰巧保定直隶公立农业专门学校附设甲种农业学校在邢台招生，学校不但收费很少，而且有奖学金，于是张玺决定报名投考，最终被录取了。

第三节　机遇

直隶公立农业专门学校创立于1902年。时任直隶总督的袁世凯，深感"直隶地瘠民贫，非讲求地利、振兴农务不足资生计"，认识到"外洋虽以工商立国，而尤注意于农务，专部以统之，学堂以教之，故近年欧美农学精益求精"。在经奏请清政府批准后，建立了中国最早的高等农业院校——直隶农务学堂。后改为直隶高等农业学堂、直隶公立农业专门学校，今天的名字是河北农业大学。

张玺在这里学习了四年。选择这所学校，是因为贫家子弟上学最担心的是学费，而这所学校每学期都有免费生的名额。四年里，张玺每年都得到免费生的待遇，这也是无奈之中的一种自励。张玺学习颇为刻苦，他是在想方设法地为家里省下花费。也许有人认为这样的努力太具功利性，但这种功利恰恰成就了张玺的未来，并为他打开了通向广袤世界的大门——非但如此，他获得了保送法国里昂中法大学上学的机会。

1915年到1919年的这段时间里，正是日本要独占中国、俄国十月革命运动获得胜利之际。更令青年张玺感到振奋的是，1919年5月，北京爆发了反帝反封建的“五四”爱国运动。张玺和许多爱国同学如陈鸣岐（即后来的中国科学院生物地学部副主任陈凤桐）等均参加了学生运动。他也初步意识到非“科学与民主”不能救祖国，而要求得真正的“民主”、掌握真正的“科学”知识，走出国门，到那些发达的资本主义国家去学习，是一条最好的道路。

要留学，学费的问题需要解决，张玺选择了报考保定育德勤工俭学留法班。那是在1919年的夏天，凭着自己坚实的底子，他顺利入班学习，主要学习铁木工、法文和机械学。教机械学的是我国著名的机械学家和机械工程教育家、我国机械史研究的开拓者刘仙洲。他张玺的河北同乡，也出生于一个农民家庭，因为深感农活之艰辛，才诞生了改善农业操作的愿望。香港大学毕业后，刘仙洲本来有条件到英国留学，河北省高等工业学校也以高薪聘任他为讲师，但为了培养大批有志青年出国深造，他毅然回到母校崇实中学，担任留法勤工俭学高等工艺预备班的教员。刘少奇、李富春、李维汉都曾是这个留法预备班的学生。清寒子弟，半工半读，学工结合，这在当时是极有效的教育方式。

谁知天不遂人愿，就在张玺入留法班学习那年的秋天，一场罕见的大旱袭击了整个河北省乃至中国北方的大部分地区。据当地的县志记载，当时是“大旱，寸草未获，饿殍载道，人民纷纷赴津觅生”。张玺的父亲和叔叔分家另过，家中经济更为艰窘，这无疑阻断了张玺留法的道路。1920 年夏天毕业的时候，因为无法筹集赴法的旅费，前路陷入迷茫。正在一筹莫展之际，又一个机会摆在了他的面前，他的母校——直隶公立农业专门学校也成立了农艺留法班，一年毕业，并规定考试名列甲等前五名者每月津贴 50 元保送出国。虽然还要继续学习一年，但相对于人生的机遇来说，这一年的付出还是很有价值的。张玺在继续学习的这一年时间里，靠典当度日，生活颇为窘迫，甚至有时候还要在课余闲暇时组织同学四乡收购水果，进行果品加工卖钱，以资补助生活，倒也应了“穷且益坚，不坠青云之志”那句古话。1921 年 7 月，留法班毕业，张玺名列五甲，获津贴生待遇，被保送法国里昂中法大学。

生活总是这样，在欢喜未尽的时候，总有悲伤或遗憾相随。正当张玺欣喜若狂即将远行的时候，学校传来消息，资助学费，不承担到法国的路费和路上的生活费。张玺兴奋之余又感到了失望。幸得家中亲友和母校老师的鼎力相助，勉强凑够路费，始得成行。

1921年的夏天，溽热中，张玺离开自己生活了24年的燕赵大地，乘船出海，海天茫茫，那等在前面的异国的土地，该会以什么样的姿态迎接这位来自乡间的学子呢？

【刘仙洲】

刘仙洲（1890—1975），原名鹤，又名振华，字仙舟。机械学家和机械工程教育家。中国机械史研究的开拓者。天津大学（原北洋大学）杰出校友。长期从事农业机械的研究工作，对发展适合我国国情的农业机械做出了贡献。在教育上，倡导“工读协作制”的教育思想，自编我国工科大学第一套教科书，首先进行了我国机械工程名词统一工作。1933年，编订了《英汉对照机械工程名词》，成为中国机械工程名词的统一者。他长期从事机械工程发明史的研究，并积极从事农业机械的推广和中国农业机械工程发明史的研究工作。著有《机械原理》、《热工学》、《中国机械工程发明史》、《中国农业机械方面的发明》等。

【陈凤桐】

陈凤桐（1897—1980），著名农学家，农业科技管理专家，新中国农业科学技术事业的主要开拓者和领导者。河南省内乡县人。1921年毕业于河北省保定甲种农校。1929—1931年赴日本留学，入日本东京农业大学专门部研究农业经济。1936年加入中国共产党。1955年被选聘为中国科学院学部委员（院士）。新中国成立后，历任华北农业科学研究所所长，中国农业科学院分党组书记、副院长、顾问；第一、二届全国人民代表大会代表，中国共产党第八届全国代表大会代表，中国科协副主席。毕生主要从事农业生产和农业科学研究的组织领导工作。代表作有《全国冬小麦黄锈病的研究急需统一起来》、《论农业专家下乡》和《农业科学工作如何结合实际》等。

第四节　里昂

张玺出发去法国，时间是1921年8月13日。先到上海，然后乘坐法国邮船到马赛登陆。为了节省路费，他选择了乘坐四等舱。这次的赴法留学队伍有150余人，领队是国民党元老吴稚晖，也是首任里昂中法大学校长。

里昂中法大学的创办者是李石曾，他于1902年赴法国留学，是华人留法学生和华侨在法国创业的第一人。在法留学时，他结交了当时的进步人士蔡元培、吴稚晖等，而他们三人与后来曾做过国民党浙江省政府主席的书法家张人杰一起被称为国民党的“四大元老”。1915年，李石曾在巴黎发起成立了“留法勤工俭学会”，主张“俭学与工学相结合、学理与实用相结合、身体力行、兼全并重，以天然优美的环境与工作，代替学校之假期与游艺”。1919年巴黎和会期间，李石曾就法国退还的部分庚子赔款，要求用于海外大学建设。里昂大学医学院院长雷宾建议中方不要等法国退还赔款再筹建海外大学，不如先得一校舍，由中方分担小款，办一个雏形，可促成赔款的退还。1921年初，中国当时唯一一所在海外的大学正式在里昂设立，邀请吴稚晖担任校长。

张玺一行是吴稚晖带去的第一批学生，其中有自费生、半公费生、公费生。高寿才女苏雪林就在这条船上，她是以算术交了白卷、名列榜尾的成绩考上的。据她说，这条船的名字叫“博多士”号，在船上，她还与出身青楼、前往法国学画的潘玉良成了好朋友。张玺后来回忆说：“由上海到马赛中途经过许多英、法殖民地，回想到祖国不强被人割据不能翻身之耻。”经过一个多月的海上航行，9月25日，船在马赛靠岸。到马赛后，他们又转乘火车去里昂，到达旧军营改建的里昂炮台校址，当地报纸还特别用中文发音的“欢迎你”报导相关新闻。“该炮台是1840年建筑的，背靠高山，距里昂市步行约十多分钟路程。原址为圣提爱内堡，系里昂的要塞。房屋极为坚固，占地约七八十亩。至 1921 年 8 月已修理房屋 96 间，未修者约 112 间，每间可住 4 人，若依法国寻常学校布置，则每间可住 8 人，总计可容 1600 多人”。（李思慎　刘之昆《李立三之谜》 人民出版社 2005 年 1 月版）

张玺刚到里昂中法大学，正遇着当时的驻法公使与法国政府联手把中国的一部分进步勤工俭学学生——被认为是“危险分子”——强迫送回祖国。张玺对这些同学非常同情，他突然想，假如他在育德留法班毕业后就来法国，现在也可能被遣送回国。关于当时的情形，曾有人做过这样的描述：

> 1921 年 8 月，吴率 105 名学生到里昂，亲任中法大学校长。当时拟定办学方针“为平民的，勤俭的，为劳工神圣的，为清洁无伦的”。此前，中国已有 1600 余名留法勤工俭学的学生，生活十分困苦，迫于无奈，他们在巴黎召开大会，决定强占新办的中法大学。有 100 多人先行进入，校方坚拒，发生冲突，请来法国警察拘禁入校者，并强行遣返。
>
> （张昌华《政治圈外的吴稚晖：一个坏透了的好人》，《人物》2008 年 6 月）

> 误以为里昂中法大学是以解决勤工俭学生名义所设立，风闻学校当局在国内招收公费生，不满未有同等待遇，他们从法国四面八方汇集里昂发起占领中法大学的运动，125人在9月21日进占学区，却立刻被法国警方囚禁。学校在双十国庆开学，勤工俭学学生则绝食抗议，14日下午，104名学生被送“宝勒加号”返回中国。
>
> （星岛网讯，《寻觅里昂大学内中国人的堡垒》，《星岛环球网》 2005年12月25日）

张玺对这些同学表示同情，因为他们同行的人中有一部分不是里昂中法大学当局批准的公费生，要求交饭费，否则亦有强迫送回祖国或被赶到校外的可能。张玺他们二十几个同学曾为了理应得到的公费生待遇，同校方做过激烈的斗争。最终，他们取得了胜利。有了公费保证，再加上国内保定农校的津贴，张玺能够安心攻读学业了。他在法国的11年中，大半时间都是在中法大学食宿。

其实当时所谓的里昂中法大学就是一个学生公寓，学生们在这儿吃住，预备法文，然后进入里昂大学的各个学院，由中法大学统一供给学费。当时的学校主要当政者，除了已经提到过的校长吴稚晖，副校长是褚民谊，秘书是曾仲鸣，这两个人后来都做了汪伪政权的政要，是著名的大汉奸。

【李石曾】

李石曾（1881—1973），原名李煜瀛，中国教育家，故宫博物院创建人之一。笔名真民、石僧，晚号扩武。河北高阳人。李鸿藻第三子。清光绪二十八年（1902）随清政府驻法公使孙宝琦赴法留学。1906 年加入同盟会，并出版《新世纪》周报。1911 年夏回国。1914 年再度赴法，设勤工俭学会，并任华法教育会副会长。1917 年归国至抗日战争爆发期间，先后任北京大学教授、中法大学董事长、北平大学及北平师范大学校长、北平研究院院长等职。其中 1924 年任办理清室善后委员会委员长，并筹建故宫博物院。1925 年 10 月后任故宫博物院临时董事兼理事长。中华人民共和国建立后赴瑞士。1956 年定居台北。著有《石僧笔记》。

【吴稚晖】

吴稚晖（1865—1953）中国近代政治家。原名眺，又名敬恒。江苏武进（今常州）人。1903 年在《苏报》撰文抨击清廷。《苏报》案发后经香港去伦敦。1905 年冬参加同盟会。1906 年在巴黎参与组织世界社，1907 年刊行《新世纪》周刊及《世界画刊》，鼓吹无政府主义。

1913年任教育部读音统一会议长。同年6月参与创办《公论》日刊，进行反袁斗争。二次革命失败后再赴欧洲。1927年任南京国民政府委员，上海市临时政治委员会委员、代主席。后任国防最高委员会委员、中央研究院院士。1949年去台，任国民党中央评议委员。1953年10月30日病逝于台北。著作编为《吴稚晖先生全集》。

第五节　选择

20世纪20年代，在法国的中国留学生之间碰撞着各种各样的思想，那是一群有着格外敏感的爱国心的热血青年。在革命者与里昂大学的斗争中，张玺对他们给予了深切的同情。在里昂的咖啡馆里，他也曾听过周恩来慷慨激昂的演讲，当然，他是带着好奇心来听这些年轻共产党人的演讲的。

在纷繁多样的主张中，张玺没有走革命的道路，而是决心踏踏实实地学到一门学问。像张玺这样的选择，在当时被称为科学救国派。不过，在后来“知识分子思想改造”运动中，张玺先生解剖自己的思想时曾说，他在法国留学时因为自己是“公费生”，便感受不到“勤工俭学”同学的艰难，也就缺少对“革命”的向往——当时在法国“勤工俭学”的青年大多选择了走上共产主义道路，其中就有周恩来、邓小平、陈毅等，他们深受马克思主义影响，投身政治活动，后来成为中华人民共和国的政治领袖。但张玺的选择却非常符合当时里昂中法大学的办学目标：

> 里昂中法大学提出的办学目标是培养一批有能力建设新中国的优秀人才，毫无疑问，它在短短25年时间中的成就远远超出了原先的期望。在里昂中法大学正式注册的473名学生当中，有四分之一的人攻读专业直到通过博士论文才回国。上世纪20年代末，里昂中法大学开始着重大量培养中国急需的科学和医学方面的专家和人才。
>
> （董伟锋《里昂中法大学创办始末》，《神州学人》2005年第7期）
>
> 他们中的多数学成之后回国工作，不少人后来成为我国科学界、教育界和文化艺术界的中坚力量，如著名科学家朱洗、汪德耀、范秉哲，著名文学家和诗人罗大刚、戴望舒，著名艺术家常书鸿、王临乙，著名学者杨等。应该说里昂中法大学虽然存在时间不长，但的确为我国自然科学、社会科学领域培养了一批高级人才。
>
> （同上）

1921年9月开始，张玺在中法大学预备法文。1922—1927年进入里昂大学理学院求学。为了应付保定农校的津贴，张玺不得不先学习农业课程（如应用动物学、农业地质化学、农业植物学等）。后来他了解到没有生物科学理论的基础，研究不能深入，于是又专攻生物科学，学习普通动物学、植物学和比较生理学。

1927年10月，张玺获得硕士学位。接着他进入里昂大学动物研究室，开始研究海洋软体动物。随后在瓦内（C.Vaney）教授的指导下专攻软体动物后腮类的研究。1927—1931年在里昂大学理学院动物研究室做研究工作，以软体动物后鳃类为题到法国数个海滨生物研究站做试验。

张玺在法国留学时

第六节　研究

在里昂的最后四年，张玺一边学习，一边实验，跟随着自己的老师，埋头于软体动物后腮类的课题研究。这段时间的成绩，可以用“两篇论文、两个学会、一次考察”来概括。

1929年，他出席了在西班牙举行的国际海洋水力会议。在这个大会上，他曾宣读了一篇关于地中海后鳃类动物的学术论文——《低盐度海水对软体动物后腮类的作用》，获得了广泛的赞同，这成为他一生学术的起点。

1931年，他发表《普娄旺萨沿岸软体动物后鳃类的研究》的论文，获法国国家博士学位，成为中国海洋动物研究的第一人。

和留欧同学林镕、朱洗、贝时璋、周太玄等组织过“中国生物科学学会”，和林镕、齐雅堂等组织过新中国农学会，该会以转移社会的风俗、提倡科学的农业、促进农业经济的进步和改良农民的生活为宗旨。

西班牙会议之后，他到南非进行了一次长途考察旅行，殖民地黑人的痛苦给了他深深的刺激，加深了他科学救国的思想。

他还和各种学科的同学组织过学术讲演会，每周开会一次，轮流报告心得，相互沟通。会员每月交纳五个法郎作为开会时的茶点费用，因而就叫“五方会”。为研究软体动物，张玺到过巴黎，还在法国沿海的各个实验所实习。书斋的苦思、实验室的钻研、同道的交流、躬身的考察，是一个人科学素养构成的最基本条件，它会引导一个喜爱科学的人渐渐变得博大、宽厚、执著，而张玺，无疑集这些素质于一身，此后的学有所成、贡献社会也就成了理所当然。

春去秋来，1931 年的深秋，张玺结束求学之路，获得了法国国家理学博士学位。12 月，寒意萧瑟中，他启程归国。

【林镕】

林镕（1903—1981），字君范，江苏省丹阳县人。1920 年考入法国南锡大学农学院。1923 年考入法国克莱孟大学理学院继续深造，从事真菌学研究，1930 年获巴黎大学国家理学博士学位。1930 年回国后，历任国立北平研究院植物研究所研究员、国立北平大学农学院农业生物学系教授兼系主任等职。中华人民共和国成立后，他调任中国科学院植物研究所工作，历任研究员、副所长、代理所长。1955 年，当选为中国科学院首批院士（学部委员），曾担任中国植物学会副理事长兼秘书长、名誉理事长，北京市植物学会理事长，第三届全国人大代表等职。他是中国菊科、旋花科和龙胆科植物系统分类的奠基者。

【朱洗】

朱洗（1900—1962），原名朱永昌，字玉文，浙江省临海县（今临海市）双港乡店前村人。1920年夏赴法国勤工俭学。1925年考入巴黎蒙伯利埃大学，1931年通过法国国家科学院考试，获法国国家博士学位。1932年任广州中山大学教授。1935年任北平研究院动物研究所研究员，兼任中法大学教授。抗日战争胜利后，于1946年应邀赴台湾大学任教授、动物系主任。1949年5月上海解放后，应聘至中国科学院上海实验生物研究所，历任研究员、室主任、副所长、所长。1955年当选为中国科学院生物部学部委员。选用癞蛤蟆进行蛙卵人工单性生殖实验，培育出世界上第一批"没有外祖父的癞蛤蟆"。出版有《生物的进化》、《现代生物学丛书》等专著。

【贝时璋】

贝时璋（1903—2009），细胞生物学家。1903年10月10日生于浙江宁波镇海。1921年毕业于同济医工专门学校医预科。1921—1928年留学德国，获土滨根大学自然科学博士学位。1948年当选为中央研究院院士。历任浙江大学理学院生物系教授、系主任、理学院院长。

解放后任中国科学院实验生物研究所和生物物理研究所研究员、所长、名誉所长。曾任中国动物学会理事长，中国生物物理学会理事长，《中国科学》和《科学通报》副主编，《中国大百科全书》总编委会副主任，第三、四、五、六届全国人大常委等职。1955 年被选聘为中国科学院院士（学部委员）。他是我国生物物理学的奠基者，也是杰出的教育家，开创了我国放射生物学和宇宙生物学的研究，并培养了大批科技人才。

【周太玄】

周太玄（1895—1968），生物学家、翻译家和社会活动家。原名周焯，号朗宣，后改名周无，号太玄。成都人。1919 年赴法国勤工俭学，先后获教育学硕士学位和理学博士学位。1930 年回国后，历任成都大学、成都师范大学、四川大学教授等职。1949 年后，相继任西南军政委员会和西南行政委员会委员，四川大学校务委员会主任委员，重庆大学校长，中国科学院常务委员会委员、学术委员会委员，中国科学出版社社长兼总编辑。在腔肠动物尤其是对水母的研究方面有突出成就，填补了我国水母研究的空白。一生著述颇丰，重要的有《chrysaora 生活史之研究》、《动物心理学》等 7 部生物学专著，《古动物学》等 11 部译著。

第二章　北平研究院时期（1932—1949）

时局动荡，国运堪忧，1931 年 9 月，张玺正在印刷博士论文的时候，“九一八”事变爆发。消息传来，他义愤填膺，于是开始组织其他同学，开会、散发宣传材料，向法国科学家和同情中国的学生揭露日本吞并中国及全世界的阴谋。那个时候的张玺，恨不得身插双翅，立刻回到祖国，以尽自己的绵薄之力。恰好，这时他接到了国内邀请，到北平研究院动物学研究所工作。

第一节　北平研究院

北平研究院是中国国民政府在北平（今北京）成立的学术研究机构：

> 1927 年中国国民党中央政治会议议决设立国立中央研究院时，筹备委员李煜瀛（李石曾——笔者

注）提议同时设立局部或地方性的研究机构。国民政府1928年9月通过李煜瀛所提议案，1929年5月成立筹备委员会，任李煜瀛为筹委会主任，蔡元培、张人杰为筹备委员。同年8月，行政院决议以北平大学的研究机构为基础组建国立北平研究院，并于9月9日宣布正式成立，由李煜瀛任院长。

（《中国大百科全书》）

强调“学理与实用并重”，“以实行科学研究，促进科学进步为其任务”。院长为李石曾，副院长李书华。

北平研究院动物研究所在院内属于“元老”级别：

1929年9月9日北平研究院成立，筹备各研究所，动物研究所是最早筹备并成立者之一。所址在北平西直门外三贝子花园（今动物园）内。陆鼎恒任主任，初期属于北平研究院生物部。1935年7月撤销了“部”一级的设置，各所直属院长领导，主任改称所长，动物学仍由陆鼎恒担任所长，人员有张玺研究员，朱洗、汪德耀兼任研究员，周太玄特约研究员，助理员前后有李象元、陈兆熙、陈宝钧、李落英、张修吉、张凤瀛、顾光中、相里矩、曹毓杰等，技术人员有周启曜、唐乐天、刘树芳、马绣同、褚士荣、刘永彬、徐克清等。

1935 年该所在山东烟台设置渤海海洋动物研究室，由张修吉常驻工作。

（夏武平、齐钟彦、马绣同《北平研究院动物学研究所小史》，《中国科技史料》，1991 年第 1 期 43、44 页）

张玺之所以能够顺理成章地进入北平研究院，和他的留法背景有很大关系。里昂中法大学的创办者李石曾作为国民党四大元老之一，在 1927 南京年国民政府成立后地位迅速上升，在其周围形成了以留法勤工俭学学生为主体的“留法派”，与当时已经集中在北大等各院校的“英美派”、“留日派”形成各自的教育派别。“后来留法派与留英美派之间产生龃龉，分别建立北平研究院和中央研究院，造成了我国近代科学体制化过程中的分裂。”（刘晓《李石曾与近代学术界留法派的形成》，《科学文化评论》，2007 年第 3 期）蔡元培及其学生蒋梦麟接手北大，北大学生非留欧即留美。1922 年，主要由留美学生发起组织的科学社改组，蔡元培又成为科学社的名誉领袖，科学社成员成为后来的中央研究院的主体。与之相对应，李石曾所用之人如李书华、李麟玉、张乃燕、郑毓秀、褚民谊等皆是留法出身。从北平研究院成立之初的各研究所所长一职的任命就可以看出端倪：

经利彬，生物学研究所所长，早年留学法国里昂大学，获理学及医学博士学位，任助教。

刘慎谔，植物研究所所长，保定留法高等工艺预备班学生，深造于里昂大学理学院和巴黎大学理学院，“中国生物科学学会”总书记，法国理学博士学位。

陆鼎恒，动物研究所所长，里昂中法大学学生，无脊椎动物学专家，中法大学生物系主任。

张玺进入北平研究院，介绍人是周发岐。周发岐是张玺的河北老乡，也是留法学生，比他早一年到法国，1928年在里昂格里雅德研究室获法国国家物理科学博士学位，1929年回国，当时在北平研究院化学研究所和中法大学工作、任教，是我国著名的炸药学专家。张玺自1932年1月进入北平研究院动物学研究所做研究和领导工作一直到1949年北京解放。当时研究院经费很少，全院人员最多时仅百余人，工作不易展开。而动物所从未到过20人。张玺来到这里，发现这儿的设备虽不甚好，但工作能随个人的兴趣进行，研究所学术气氛很浓厚，他的中国海洋软体动物学的研究工作逐步开展起来。

1932—1937年间，张玺一方面在北研动物所任研究员，同时也在大学兼授动物学和海洋生物学课（如北京农学院、山东大学、中法大学、中国大学）。

【蔡元培】

蔡元培（1868—1940），字鹤卿，号孑民，浙江绍兴人，汉族，原籍浙江诸暨，民主主义革命家和教育家。数度赴德国和法国留学、考察，研究哲学、文学、美学、心理学和文化史，为他致力于改革封建教育奠定思想理论基础。曾任教育总长、北京大学校长、中央研究院院长等职。他为发展中国新文化教育事业、建立中国资产阶级民主制度做出了重大贡献，堪称“学界泰斗、人世楷模”。一生经历风雨，始终信守爱国和民主的政治理念，致力于废除封建主义的教育制度，奠定了我国新式教育制度的基础，为我国教育、文化、科学事业的发展作出了富有开创性的贡献。教育论著有《蔡元培教育文选》、《蔡元培教育论著选》等。

【张人杰】

张人杰（1877—1950），祖籍安徽徽州（今歙县），后移籍浙江吴兴。字静江。早年纳赀捐道台。曾随孙宝琦出使法国。1905 年与吴稚晖、李石曾共办新世纪出版社，出版《新世纪》杂志，鼓吹无政府主义。1907 年，加入“同盟会”，曾资助孙中山在华南沿海一带发动武装起义。1911 年辛亥革命后回国。“二次革命”失败后，支持孙中山改组国民党，被选为中央执行委员。1925年，被选为中央监察委员。为国民党“四大元老”。1926年，被选为中央执委会常务委员会主席，旋辞职让位于蒋介石。1927年以后，历任浙江省临时政府主席、国民党特别委员会委员、全国建设委员会主席等职。后因疾脱离政界。抗战爆发后，出国游历，逝于纽约。

【李书华】

李书华（1889—1979），字润章，物理学家、教育家。生于河北省昌黎，早年从事极化膜渗透性的实验研究，1918年获图卢兹大学理学硕士学位，1922年获法国国家理学博士学位。历任北京大学物理系教授、系主任，中法大学教授、代理校长，北平大学副校长兼代理校长，南京国民政府教育部政务次长、部长，北平研究院副院长、中央研究院总干事。1948年被选为中央研究院院士。曾一度担任联合国教科文组织的中国代表，后在纽约哥伦比亚大学做访问学者，并在该校东亚图书馆从事科学史研究。1979年7月5日在美国纽约逝世。

【周发岐】

周发岐（1901—1990），直隶（今河北）蠡县人。1920年留学法国。1928年在里昂格里雅德研究室获法国国家物理科学博士学位。1929年回国。1980年加入中国共产党。曾任北平研究院化学研究所研究员、所长，中法大学教授、化学系主任、教务长、理学院院长。建国后，历任北京工业学院教授、教务处处长、科研部主任、副院长，中国兵工学会第一届副理事长，第三、五届全国人大代表。1953年在北京工业学院创办我国第一个炸药专业。后又编写了《炸药制造工艺》教材。1981年被聘为由二十名世界著名化学家组成的《有机硝基化学》丛书编委会委员。

【马绣同】

张玺助手。早年跟随张玺参加胶州湾海洋综合调查，是中国海洋生物标本馆的主要创建人，终生服务于海洋生物标本的分类与管理。

第二节　胶州湾海洋动物调查

一　结缘青岛

张玺和青岛结缘，始于1935年。这年的5月，张玺领导的一支胶州湾海产动物采集团来到了青岛，开始青岛胶州湾海洋动物调查。这是我国学者组织的第一次海洋动物综合调查，有着深远的开拓性意义。张玺曾经这样说："我曾到过厦门、烟台、威海、青岛等沿岸采集调查，当时最感痛心的就是沿海重要地区均为外人占据。”为了走在其他国家特别是日本前面，他们组织了这次艰苦的考察。

关于这次考察的缘起、目的及与青岛市政府的合作情况，在1935年8月出版的《国立北平研究院动物学研究所中文报告汇刊》第十一号《胶州湾海产动物采集团第一期采集报告》中均有详细记载：

> 采集团之缘起及组织：国立北平研究院动物学研究所成立以来，即以研究中国海产动物为其主要目标，对于山东半岛之海产物，尤特别重视。故于龙口、烟台、威海、荣成及石岛等处，均有详细之

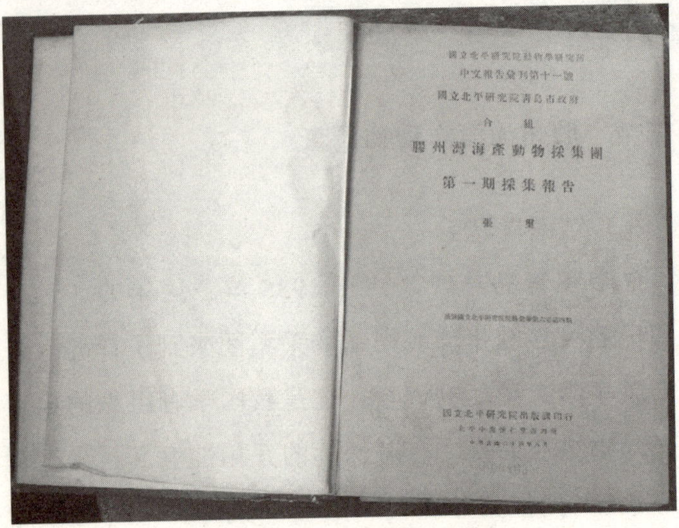

胶州湾海产动物采集团采集报告

调查。烟台方面，并有海滨动物实验室之设，以便长期采集观察及实验之用。山东半岛南岸之海产生物，便利上以青岛为研究中心，但因海水较深，面积较大，非有相当之汽船及特别之设备，不易采集；而鱼群之迁徙，海产食用动物之习性及繁殖等之研究，尤须有特殊之器械与定期之考察，方易收效。故本院李副院长书华今年二月派作者携带函件赴青岛与沈市长鸿烈接洽，拟组合一胶州湾海产动物采集团。沈市长以此种组织，既便科学研究兼可补助实业建设，慨然允与船只住宿等之协助，于是本团遂得成立，至于工作内容如海洋之理化及生物诸问题，均包括在内。采集区域以胶州湾及其附近海岸为范围，拟于二年内完成，每年分为两期或三期，每期定位四十五日或一月。

本团既已组成，乃从事于采集用具及药品之设备，入探测器、采泥器、深层取海水器、翻转温度计、海水色泽计、各种捞网及浮游生物网等。迄四月中，一切设备就绪，作者于四月二十一日赴青岛与青岛市政府接洽第一期采集一切事宜。至四月底，一切均行规定，市政府拨港务局汽船“赵村”号为采集之用，本团工作人员寓居热河路青岛工商学校，并经市政府介绍借得青岛渔业公司二楼为研究及整理标本之所。

通过这份材料我们大略能够知道，这一次的科学考察，如果没有青岛市政府的有力协助，不会进行得那么顺利，当时的市长沈鸿烈在其间起到了很大的作用。沈鸿烈，军人出身，非常重视教育发展，每年都要拿出必要的教育经费，建学校、定规划，设立民众教育馆、职工补习学校、女子补习学校等。在文化建设方面，突出显现在对于崂山的旅游开发上，他规定凡全国学术组织在青岛开会者，均由政府招待游览崂山，同时广邀全国政界要人、社会名流特别是文化名流来崂山游览观光，大大提高了青岛的知名度。张玺一行的到来，一方面源于他对科学文化事业的热爱之情，更是因为他看到了这样的考察“既便科学研究兼可补助实业建设”，是一件双赢的事情，所以“慨然允与船只住宿等之协助”，并且拨港务局一条“赵村”号汽船供考察团使用，而且提供“青岛渔业公司二楼为研究及整理标本之所”。这一次的考察，无疑让张玺对青岛留下了一个极佳的印象，所以在采集报告前言中予以重点提及。

二　考察过程

青岛胶州湾调查，持续了两年，进行了4次海上和沿岸的调查采集，取得了许多重要的生物标本和数据。

《赵村号》和采集团人员

前3次由张玺带队，第四次由张凤瀛带队。

像其他任何的科学实验一样，海洋动物调查需要付出许多的艰辛，采集大量的标本，搜集大量的数据。茫茫的海面上，没有任何的遮挡，风风雨雨、潮涨潮落，他们的“赵村”号考察船就这样摇荡在胶州湾内外，白天考察，晚上整理标本，其辛苦情况，可想而知。在《胶州湾海产动物采集团第一期采集报告》中，张玺这样记载：

> 本团采集方法可分两种，当朔望大潮时，则在沿岸潮面上采集，潮小时期，则在海水较深之处拖网。共施一百零五站，每站必测海水之深度，海底之沉淀物（泥，沙或石）。又每隔数站，测量海水之碱度，透明度及色泽。每日所采集之标本，经整理后，即分别装于玻璃管、玻璃瓶或锌制大形筒内，视动物之种类及研究之目的，分别用特别方法加以保存，每管每瓶均加以标签，记明采集地点及日期。五月一日起首采集，至六月五日止，所得标本共达千余号，分装大小三十木箱，除一部分留赠青岛市水族馆及民众教育馆外，其余均运回北平。
>
> 本期采集地带，除在胶州湾内各部，均已拖网或用铁铲掘取之外，又在前海行同样之方法，南自

竹岔岛至大公岛，东自燕儿岛至沙子口沿岸，均在采集区域之内。

1936年，他们又进行了第二、第三次考察，具体情况如下：

此两期工作之目的，仍与第一期相同，即除作普通动物标本之收集，并研究胶州湾动物之分布迁移生态等问题外，对于胶州湾之海洋物理化学诸问题，尤注意加以研究，以期对于胶州湾动物生活之环境，获得正确之了解。此外鉴于中国渔业之不振，鱼类学食用方面之研究，实为当务之急。故此次采集时，除努力于鱼类标本收集外，并增加胶州湾鱼类之食料问题。采集方面，由本报告作者及本所张凤瀛、顾光中、张修吉、相里矩、康乐天、刘永彬承担，海洋理化方面，仍由青岛市观象台海洋科派遣技士朱祖佑协力合作，动物生理、鱼类食料等问题，则由本院生理研究所所长经利彬及戴笠、熊懋桢、刘玉素负责。第二期与第一期相同，第三期之范围较第一二期为广，如小公岛水灵山岛崂山湾等处俱为上两期未到达者，此次皆有详细之调查。采集船仍为青岛市港务局工务科汽船“赵村”号，此外并雇渔夫二名带舢板一只。采集方法及采集用具，完全与第一期相同。至于标本之整理仍借用青岛渔业公司楼上，工作人员则住宿于太平路青岛市政府招待所，一切均为便利。

（国立北平研究院动物学研究所中文报告汇刊第十七号胶州湾海产动物采集团第二及第三期采集报告，张玺、马绣同，1936年10月）

海洋生物学家齐钟彦教授也满含深情地对张玺领导的这次考察进行了回忆：

他当时是北京研究院的研究员，同时在中法大学讲课并工作，他的工作还是做在法国学到的东西。同时他喜欢海洋工作，跟青岛联系，青岛市当时的市长就给了调查船，他带着一些研究院的学生来这里做胶州湾的海洋调查和动物调查，做了两年很艰苦的工作。他研究动物，各种动物都有标本，鱼类、圆腮类、甲壳类等等都有。他们几个经过研究发表了很多文章，在北平研究院刊物上发表的。张先生做的海洋调查是我们国家头一次做海洋调查，这个贡献是比较大的。张先生除了对软体动物还对圆腮类做过详细研究，因为圆腮类在进化里是比较重要的。他来了之后对文昌鱼、柱头虫都有发现，也写了文章。同时对喉腮类也写了很好的文章，把青岛的八种喉腮类的生活、解剖做得很详细，也发表了文章。

（山东人民广播电台2006年10月7日、8日《直通黄金海岸·周末人物·敢为天下先的张玺访谈》）

三　柱头虫与文昌鱼

1935年，在张玺他们对胶州湾的首次考察中，在青岛发现了肠鳃类中的柱头虫。柱头虫是介乎脊椎动物和无脊椎动物之间的一种动物，对于教学和科学研究上都具有很重要的价值。过去高等院校搞研究都是依靠国外的进口材料，花费很多的人力和财力，张玺他们的发现，对于我国的科学研究具有极其重要的意义。

这里面还有一个小故事：在考察队将要出发的时候，北京中法大学生物系主任夏康农教授曾公开悬赏：谁要是采集发现了柱头虫，就给谁100块大洋。这在当时，是一笔可观的款子。采集到柱头虫标本的是作为见习学员的马绣同，当然，一开始的时候，马绣同并不认识这就是柱头虫，但对于标本的敏感使得他对于采集到的标本都有一种天生的认真。得知这一事情之后，张玺先生据此发表了一篇论文，宣布在中国沿海采集到了柱头虫标本，并且鉴定它为一新种——黄岛柱头虫，从而结束了在生物学教学上只能引用外国的资料的历史。在

1963年和1965年的沿海考察中，他们又发现了肠鳃类的另外的种类——多鳃孔舌形虫。多鳃孔舌形虫和黄岛柱头虫虽然其貌不扬，隐居于海底泥沙之中，但它们均属极为罕见的珍稀动物，其介于无脊椎动物和脊椎动物之间的独特身体结构，为脊椎动物的起源提供了不可多得的研究材料，在进化论和生物学等领域的科学研究中具有十分重要的意义。

文昌鱼，人们一向称之为生物进化的"活化石"，是研究动物进化的珍贵材料。一直以来，生物学家关注的重点都是在厦门。1935年，张玺等在胶州湾考察中发现，青岛也是文昌鱼的另一个重要出产地，而且产量不在厦门文昌鱼之下。为了研究青岛文昌鱼与厦门文昌鱼是否为同一种类，他们在胶州湾开始广泛采集，采集用具为"一小模之双刃捞网，网架宽二呎，高六吋，网身长三呎，网眼径半吋"。从1935年5月到1936年4月一年的时间里，他们发现文昌鱼最多的地方是在汇泉角与麦岛间及绿岛嘴与淮子口之间的海底，另外在沧口海滩，也藏有文昌鱼。经过对它的形态、分布研究以及与厦门文昌鱼详细对比，发表了论文《厦门文昌鱼与青岛文昌鱼之比较研究》[①]，得出结论："青岛文昌鱼与厦门

① 该文收录于《胶州湾海产动物采集团专门论文集》(5)，1937，合作者顾光中。

文昌鱼极相类似……青岛文昌鱼为厦门文昌鱼或婆罗洲文昌鱼之一变种。”以后于1962年又发表了《偏文昌鱼属在中国海发现和厦门文昌鱼的地理分布》[①]，指出在中国南海和北部湾采到了许多文昌鱼的标本，其中除了厦门常见的厦门文昌鱼之外，还有不少的偏文昌鱼。

四　《胶州湾及其附近海产食用软体动物之研究》

钟情于软体动物，对于张玺来说，始于巴黎求学时期。软体动物和人类之间有着密切的关系，张玺认为，人类主要动物性食料就是畜产和水产动物，而水产动物中除鱼类外，当推海产软体动物为最多，海产软体动物中除极少数体小肉少不适食用者外，几全部皆可食用。世界上海产事业发达的国家，软体动物研究占重要的地位，在水产学校中，软体动物也是一门重要的独立的学科。我国拥有较长的海岸线，也有很多的良好港湾，但海产事业却极其“幼稚”，这就使得别的国家乘机侵占，每年不得不花费巨资从日本等国进口海产品。

这一次大规模的胶州湾海洋动物考察，不仅对胶州湾各类动物的分类、形态、发生等方面进行了研究，也对海湾及其附近的海洋环境和动物分布做了详细的研究。在1936年撰写的《胶州湾及其附近海产食用软体

---

① 该文收录于《动物学报》，1962年第4期。

动物之研究》[1]中，张玺对腹足类、瓣鳃类和头足类动物的形态做了详尽的论述，考证了一些科、属、种的名称，对其形态、生活习性、捕捞或养殖以及利用等都有记述，并评述了我国古代的资料，成为我国第一部比较系统的贝类学著作。在《胶州湾海产动物采集团1—4期报告》和他于1949年发表的《胶州湾之海洋环境及其动物之分布》[2]一文，对胶州湾的地形、水深、底质、各层水温、海水的盐度和酸度以及水色、透明度等都做了详细记载，对在各调查站出现的动物种类和数量记载尤为详尽。根据460个调查站所获得的动物种类分析，各类动物出现站数的百分比软体动物为83.7%，棘皮动物为75.7%，节足动物为75.2%，环节动物为68.7%，腔肠动物为41.9%，拟软体动物为39.8%，底栖鱼类为29.5%，原索动物为28.1%，蠕虫为18.7%，海绵动物为4.4%。在动物分布方面，根据胶州湾内、外水域的地形、底质和物理化学因子分为11个动物分布区，对每区的环境条件和所获的动物种类都做了详细记录，并按动物门类分别列出各种动物在每区出现的个体数。对潮间带（沙滩、泥滩和岩岸）、潮下带0—40米水深和

① 该文收录于《北平研究院动物研究所中文报告汇刊》(16)，1936，合作者相里矩。
② 该文收录于《中国动物杂志》1949年第3期。

40—60 米水深各不同深度出现的各类动物也做了垂直分布的记录，这些研究在我国是第一次。虽然涉及的范围仅限于胶州湾及其附近，但胶州湾位于我国北部沿海、山东半岛的东南隅，它的海洋环境和动物区系在我国北部沿岸颇有代表性，因此张玺的研究，特别是许多种类的记录，都是以后研究我国北部沿海动物区系必须参考的重要文献。他的这些研究成果为我国海洋动物学的研究建立了良好的基础，也为今后研究胶州湾动物资源变动和环境污染提供了极为宝贵的第一手资料。

在这些文字中，张玺描述了常见的生活在青岛的软体动物种类，包括“胶州湾一带居民采集食用之种类”、“青岛渔市习见者”、“古今典籍记载其有食用价值者”。对于我们现在常见的鲍鱼、海螺、蛤蜊、墨鱼、海蛎子、扇贝、鱿鱼等海产食品都做了具体分析，且引经据典，贯通古今中外，既具有科学性，又兼具文学性，在了解科学知识的同时对中国的海产文化又有了更为深刻的认识。

在谈到“牡蛎科”时，他写道：

> 欧洲人嗜食牡蛎，远过于吾国人士，其养殖法的进步与生产品之优良，驾吾国牡蛎业而上之者，或即以此嗜食风盛故也。罗马帝国晚季，曾特别流放奴隶于大西洋沿岸，专门收采牡蛎，以供士大夫

之奢宴，英国之牡蛎于是不断的航运于罗马；法国拿破仑第一至第三世，穷奢极侈，亦推奖牡蛎为上味，一时需要激增，天然品不免滥获，又派遣巴黎大学教授Coste赴意大利视察并研究养蛎法，Coste归国后即开始养殖试验，现今法国牡蛎业之发达，实肇于彼时。此外我们又知道一个故事，德国的铁血宰相俾斯麦，是一位牡蛎健啖家，他曾在饭馆一次吃尽175只牡蛎，全座为之震惊。诸如以上的事实，所以西人把“牡蛎与英雄”并谈，好像是英雄爱牡蛎，成为一定的事实。其实牡蛎味美，并不限于英雄嗜食，不过他们有这样豪餐的金钱耳。

在谈到蛤仔的采集方法时，他这样描绘：

每遇到朔望干溯时，沧口一望无涯之海滩上，可见到男女老少，成群结队，多数系捡蛤仔者，妇孺们多集中于沙泥微高而富有蛤仔之区，坐于小凳上，用铁锄或铁钩平挠，则栖于泥沙内之蛤仔等层层皆被刮出矣。男子们多以获得大者或发现区处最丰者为希冀，捐铲持筐，乱处奔跑，适遇当地，即以铲子平敛地面，薄加刮挠，其收获品，确较妇孺者整齐可观。另有老年者，很有经验，手持小铲，一掘一个，盖蛤仔等多埋在5至7厘米深处，外面露有椭圆小孔，伊等熟识此孔，故得铲铲无讹。

这不单单是一篇科学论文，而且兼具散文与史料的性质，描绘生动，细节突出，语言简洁，见出一个旧学功底深厚的老知识分子的才气与视野。

对于胶州湾，张玺深爱有加，这也注定了他在新中国成立后选择青岛作为自己主要的研究地。一片大海紧紧拴住了一位科学家的灵魂，在《胶州湾及其附近海产食用软体动物之研究》中，他用严谨的理性分析表达了自己的喜爱之情："胶州湾一带，无论地势与气候，皆为海产动物最好之生活环境，故所产之动物种类，较他处翻庶。就软体动物而言，有食用价值之重要种类，在该处皆有所发现。更就软体动物养殖条件而言，如该地有多数河流，由此汇入于海，可以减低海水之咸度，对于养殖重要食用双壳类动物，甚为适宜。"

【沈鸿烈】

沈鸿烈（1882—1969），字成章。早年在日本加入中国同盟会，武昌起义爆发后被任命为海军宣慰使，奉命策动长江中的清朝舰只起义。1913年北上调任北京参谋本部上校科长，主持海军作战及海防事宜。1920年春，被海军部任命为司令公署参谋长，他也是东北海军的创始者。1923年，东北海防舰队成立，张作霖任命他为中将司令。“九·一八”事变后，沈鸿烈任青岛特别市市长兼东北海军司令。抗战期间，沈鸿烈继韩复榘之后出任山东省省长，1941年冬，调任农林部长，次年兼国家动员会议秘书长。1946年3月出任浙江省主席，1948年调任考试院铨叙部部长。全国解放前夕，随蒋介石到台湾，1969年3月病逝。

【夏康农】

夏康农（1903—1970），湖北鄂州人，生物学家、教育家。1926年获法国里昂大学动物学硕士学位。回国后，曾任武昌大学教授，中法大学教授、理学院院长，华北大学教授。新中国成立后，历任北京大学教授，政务院文化教育委员会、计划委员会副主任，西南民族学院副院长，中央民族学院副院长、民族研究所所长，农工党第7届中央委员会主席团委员、宣传部部长，中国技术协会书记处书记。第1—3届全国人大代表。他知识渊博，在学术界有一定的威望和影响。代表作有：《鳜鱼头骨的解剖》、《中国硬骨鱼类心脏的比较解剖》、《比较解剖学实验讲义》、《实验科学方法》等论著。

第三节　抗战八年

一　南迁昆明

1937年7月7日，卢沟桥事变爆发，日本的全面侵华战争拉开了序幕。北平陷落，天津陷落，整个华北也很快落入日本人的魔掌。

时局巨变，带给人们的是惶恐和茫然，悲观而又豪壮的气氛笼罩在知识分子的心头。不做亡国奴，到内地寻求一张平静的书桌，继续中国的文化科学事业，成为当时大多数知识分子的不二选择。于是，大规模的文化人迁徙南下，聚集到中国的大西南，在昆明就集中了清华、北大、南开组成的西南联大，中央研究院，中国营造学会等高校和科研机构。北平研究院的部分机构也在这次迁徙之列。

> 1937年，抗日战争爆发，国内大部分科研机关和大学都被迫西迁。中国科学社生物研究所在战争爆发第一年即迁往四川北碚，其在南京的三座大楼和动植物标本楼，全部毁于日军炮火。北平研究院植物学研究所，在战争爆发的前一年，即已迁往陕西武功，动物学研究所则迁往云南昆明。中央研究院动植物研究所，先迁往广西阳朔，历经千辛万苦，才勉强在四川北碚安置下来。没有搬迁的静生

生物调查所，却成了日寇筱田部队的大本营。在战火中，各研究机关和大学的图书资料、仪器设备、动植物标本，损失惨重。在这个灾难深重的年代里，科研经费和设备匮乏，科学家生活极端艰难困苦，这一切都给生物学研究带来巨大损失。尽管如此，许多热心祖国科学事业的生物学家，仍然坚持工作。西迁后的科研机关和大学生物系，很快就结合本地区特点，开展工作，并取得了一些成绩。例如，清华农业研究所植物生理研究室在大普集，北平研究院在昆明西山，中央研究院在重庆北碚，浙大在湄潭，西南联大在昆明，均称人才之胜，弦歌不辍。

（节选自《现代生物学在中国植根》，21世纪生物网：http://www.biochemlab.cn）

1938年，生理所和动物所迁到昆明。1944年，在武功的植物所也迁到昆明，另组一植物所，原来的西北植物调查所仍坚持工作。当时法国和日本尚未发生冲突，张玺还在中法大学教书，于是他和动物所同事把重要图书一起运到中法大学整理装箱，由海运经越南至昆明。途中多次辗转，又多次遭到日本宪兵的搜查盘问：由北京到天津下车搭船，日本宪兵和汉奸大事搜查、欺压凌辱；由海防登陆过越南，法国人又百般刁难，其凌人的气势不亚于日本人。好在他们最终都平安到达。

关于迁徙昆明后的情况，在《怀念张玺先生的几件事》中吴征镒先生有这样一段描述：

> 七七事变，抗战军兴，许多学者名流一时都荟萃到昆明这个比峨眉山稍觉安稳些的“风物居然似归京”（陈寅恪诗）的大后方来。前此由国民党元老之一，留法、比、瑞归国学者的先驱李石曾创办，与南京“国立中央研究院”略有抗衡之意的“国立北平研究院”，连同原在北平西郊三贝子花园（今北京动物园）中陆谟克堂（以纪念法国大学者、进化论创始人之一的Lamarck的三层楼建筑）中的三个研究所，也就先后“播迁”到昆明。植物研究所虽然本有个退步在陕西武功县阳陵，但所长刘慎谔（士林）还是和郝景盛、简焯坡、匡可任等几位在西山华亭最后面，租用了“藏经楼”的楼上，作为在昆采集标本和筹建植物园的基地。

由于战争，迢迢几千里，一个研究所想要重新焕发以前的勃勃活力，是一件很难的事情，因为物资缺乏，人力短少，很难开展进一步的工作。

这个阶段是最困难的时期。仪器虽由北平经越南运到一些，并有一只调查用的小木船，房舍除借用当地小学三间外，只有自建的草房七间。人员至抗日战争胜利时，也不过6名职员，研究员只有张玺一人，助理研究员只有成庆泰一人，助理员有齐钟彦、夏武平，技术员有刘永彬、河清等。

（夏武平、齐钟彦、马绣同，《北平研究院动物学研究所小史》，《中国科技史料》，1991年01期，第43—44页。）

但是他们没有坐而论道，而是因地制宜，开始研究湖沼动物。方便起见，便与云南建设厅合组一个水产试验所。该所位于滇池西岸，紧邻研究院动物所（位于滇池边的苏家村），张玺兼任所长，着手进行云南湖泊动物的研究，同时在中法大学和云南大学兼课。当时动物所的所长还是陆鼎恒，1940年4月，陆鼎恒病故，动物所由张玺负责。对此，吴征镒先生回忆说：

在动物研究所里，我最先结识的却是陆先生。记得那是1938年10月以后。李继侗老师让我做他的助手参加一个国民党赈济委员会主办的滇西考察团，那次可以算是较大的综合考察，目的是在芒市、遮放、勐卯（今瑞丽）三个傣族聚住的坝子边和景颇山上寻找荒地，移难民来开垦。团里有民族学家（江应梁）、社会学家（李景汉），也有地质、地理、生物学家，甚至物理探矿专家（张丙吉）。迄今我还保存着一张陆先生在保山玉皇阁（？）留下的头像。他的大脑袋和凸出的前额倒也有些和尔玉先生相似，表明他们都具有相似的智慧和幽默。但据闻，陆是一个“老革命”的后代，父亲遇刺时，他膝盖里留下了一颗子弹，考察结束后没有两年就病逝了，抛下了刚回国后才结婚的娇妻和幼子而去。接陆的所长职的正是尔玉先生。

我之真正和他更进一步交往倒是在吴老师贫病交加、英年早逝以后。抗战了三四年，艰苦条件日甚一日。我虽还是一个单身汉，一则由于老师已逝，作为冷门的植物分类学在昆明几所大学里没有人教，遂承乏在这几所大学同时开课，包括云南大学和中法大学。那时主持中法大学生物系的是夏康农教授，他是率先翻译过小仲马《茶花女》的，聪明，活跃，具先进思想的民主人士。还有后来是尔玉先生大弟子的齐钟彦的令尊，齐雅堂教授，他则是非常敦厚朴实的植物形态学家，解放后我们引进橡胶的工作中又有接触。他是研究橡胶皮层中筛管分布的第一人。他们又都是尔玉先生先后留法的好友。再则由于我带学生去西山实习，当时只能从篆塘码头上小船，经大观河、草海而到杨家村和苏家村下船上山。动物所是我们一定要歇脚或吃“摩登粑粑”野外冷餐的处所。在他们所中又有当时刚毕业的易伯鲁、朱宁生两位联大同学做张先生仅有的助手。那时张先生是国内仅有的贝类学家malacologist，他正在研究滇池的螺蛳。这种螺蛳是个深水底栖的螺类，外壳很精美，有点像古代“七级浮图”，但底盘稍宽，往上是一圈圈方形凹槽。研究结果，证实该属原近于海产相关属，保留在许多高原湖泊中，作为有各不相同种的特有属Margarya。他还发现在草海水草间的一种两栖类有红黑斑的小蝾螈，以后成为联大生物系做动物形态、生理等实验的好材料。

（吴征镒，《怀念张玺先生的几件事》，《张玺文集》，学苑出版社1999年10月版。）

同时，中法大学附中校长宋甄甫因婚姻纠纷不得已离开昆明，张玺还以中法大学兼任教授名义代理了他半年校长职务。

虽然是在战争的大后方，昆明也曾经遭受日机的猛烈轰炸，时局动荡，人心不安，货币贬值、物价飞涨，饥饿、贫困、疾病主导了这个城市。在此环境下生存，对于每一个人都不是一件易事，这些知识分子也不例外，以西南联大的教授们来说，闻一多就曾在家设馆刻章，朱自清也不停地写稿挣钱，就连校长梅贻琦的夫人也无奈卖糕挣钱。为了能使自己的收入尽量不贬值，张玺曾经同李枢在昆明买过两亩多地，同周法岐（当时中法大学理学院院长）托北研同事刘为涛在四川（刘的家乡古宋县）买过两丘地，并和刘为涛由黄明伦买过一次缝纫针。

【成庆泰】

成庆泰（1914—1994），鱼类学家。直隶（今河北）巨鹿人。1938 年毕业于中法大学生物系。曾任北平研究院动物学研究所助理研究员。1951 年获法国巴黎大学理学博士学位。历任中国科学院海洋生物研究所副研究员兼山东大学教授、海洋研究所研究员，中国鱼类学会副理事长。从事比较解剖学、鱼类分类学等研究和我国西南动物调查工作。对我国近海鱼类种类进行了调查研究。著有《中国东方豚的研究》、《中国南海海域鱼类志》等，发表论文近百篇。

【吴征镒】

吴征镒（1916—　），号白兼，别名白坚。中国科学院院士，我国著名植物学家，植物区系研究的权威学者，专长植物分类地理学和药用植物学。1937年毕业于清华大学本科，1940—1942年进入西南联合大学理科研究所攻读研究生，1950年任中国科学院植物研究所研究员兼副所长。1955年选聘为中国科学院学部委员（院士），1979年又当选为中国科学院主席团成员。1958年任中国科学院昆明植物研究所所长，1979年兼任中国科学院昆明分院院长。后曾任云南省科委副主任，云南省科协主席。现任中国科学院资深院士，中国科学院昆明植物研究所名誉所长兼研究员，《中国植物志》（中、英文版）主编。2008年1月8日，获2007年度国家最高科学技术奖。

【李枢】

李枢（1904—1999），九三学社社员、著名耳鼻喉科专家。1904年生于河北鑫县，1924年赴法国里昂大学医学院学习，1930年获该学院医学博士学位，并获该学院卫生学、细胞学、法医学和精神病学学位。1934年起，先后在南京中央医院、江西南昌省立医院工作。1937年，他受当时的云南大学校长熊庆来的邀请，与同学范秉哲（云大医院首任院长）来到昆明共同创办了云南大学医学院（昆明医学院前身）并任教授。1941年，他创立了云南省第一个耳鼻喉科，任主任。毕生致力于耳鼻喉科的教学和临床研究，在耳鼻喉科学方面有极高的造诣。

【刘为涛】

刘为涛（1899—1970,）又名刘洪波，四川古宁（今兴文中城镇）人。1921年毕业于天津南开大学，继赴法国里昂大学留学，后又入巴黎大学和居里夫人实验室学习，获法国国家理学博士学位和法国化学会柏得罗奖金。1930年回国后，历任北平中法大学教授、北平研究院化学研究所所长、西南联大和成都协和大学教授、四川大学理学院院长兼化学系主任。新中国成立后，任四川大学化学系教授、物理化学教研室主任、校务委员会委员，并担任一、二、三届四川省人大代表，第三届四川省人民委员会委员，第一届四川省政协常委，四川省科普协会副主席、主席，中国化学学会常务理事，四川省化学化工学会副理事长。长期从事化学基础理论的教学与研究，发表有《关于硫酸盐钴络合物及其分解的研究》等多篇论文。

二　云南滇池（昆明湖）的调查

对我国的海洋资源进行探测，张玺是第一人，对我国的淡水资源进行考察，张玺也是第一人。七年的时光，虽南迁昆明，他依旧舍不掉自己喜爱的科学考察事业，由于没有机会继续海洋考察，他就把目光转向自己的居住地——滇池（昆明湖）。

当时要进行科学考察是很困难的，一是人员极少，一是设备缺乏，但在困难面前，张玺没有退缩，而是在极其艰难的情况下采用一如既往的本底调查的方式对滇池进行了深入的探查。1938—1945 年，他广泛搜集了滇池的环境和各类动物的资料，于 1948 年发表了《云南昆明湖形质及其动物之研究》[①]，对滇池的地形、水面积、水深、水温、水的酸度、透明度和水色等等都做了记述，根据他的记载，滇池的总面积约为 324 平方公里，容积为 17 亿立方米，水深平均约 5 米，最深处为 8.5 米。1942—1945 年，张玺对昆明滇池的水温进行每月两次的实测，测得的最高值为 32℃，最低值为 2.8℃，月平均温度以 7 月为最高，为 23.5℃，1 月为最低，这为 11.6℃。这为滇池的后来的研究工作打下了基础。

张玺和他的得力助手易伯鲁不畏艰辛，对滇池的浮游生物进行广泛调查，发现枝角类和桡足类物种并进行了重点考察。他们发现，这两类动物常年都有出现，但以春季出现的种类和数量最多，夏季次之，秋、冬季较低。除了对底栖动物列出各类的名单以外，对有经济价

① 该文收录于《北平研究院动物研究所丛刊》，1949 年第 4 卷第 1 期。

值的种类给予特别重视，例如对云南特产的螺蛳曾进行专题研究，对其分类、形态、繁殖、生长栖息环境、栖息密度、产量和捕捞方法等都做了调查研究。在鱼类方面除报道19种异种并进行了描述外，还做了青鱼的人工繁殖的研究。报道的19种鱼类中有12种是地方性种，其中还有很多特异种类。根据张玺的记载，生活在水草间的一种两栖类动物——蝾螈，在世界上只有滇池有分布，贝类中的螺蛳属也是云南省的特产，滇池里的种类与其他湖泊如杨宗海、异龙湖、洱海中的也不相同。张玺对滇池的研究是前所未有的，是我国湖沼学研究的先驱。

齐钟彦教授说，张玺的这些研究对动物学及湖沼学提供了史无前例的参考资料，他对滇池的研究是真正的本底调查。

> 不能做海洋的他就做淡水的、做陆地上的，也发表了很多文章。到昆明以后张先生继任动物所的所长，他的工作很认真的，底下的人虽然少但是他工作很积极，总是做得很有条理。关于淡水湖里的浮游生物、软体动物、鱼类都做，同时对于云南和大理附近的也采集，他的面很广。后来日本投降，北平研究院要回到北京去，淡水也不能做了。回来以后云南的标

本采集的还不够，当时就派我和夏武平补充标本，所以又围着滇池等地转了一圈采集标本。

（山东人民广播电台2006年10月7日、8日《直通黄金海岸·周末人物·敢为天下先的张玺访谈》。）

“由于围海造田，引进四大家鱼，大量引进太湖银鱼，连带青虾、白米虾及河蚌，大规模网箱养鱼等不合理或不尽合理的生产措施，目前草海踪迹全无，大观河臭不可闻，满覆着耐污和吸污的水葫芦（凤眼莲）。水生环境和滇池原有动植物区系都已经过几次改朝换代，螺蛳、小蝶螈、金线鱼乃至它们的栖息地、产卵所，如

张玺在昆明时的实验室

海菜花、草排子等都已破坏殆尽，这些种类已经稀有或已绝种”（引吴征镒语），因此今日的动物学者和湖沼学者要想着手研究恢复当年张玺先生研究时的滇池风貌已是一件非常棘手的问题。

【易伯鲁】

易伯鲁（1915—2009），我国著名鱼类生态学家。出生于湖北汉阳县（今武汉市蔡甸区）。1942年毕业于西南联合大学生物系，原北平研究院动物研究所（抗战期间迁昆明）助理员，从事滇池浮游生物的研究。1945年转入重庆北碚中央研究院动物研究所，进行鱼类研究工作。全国解放后，任中国科学院水生生物研究所助理研究员，曾兼任所务秘书两年。1956年任副研究员，1959年起任鱼类研究室副主任，鱼类资源组组长。1971年调入华中农学院（华中农业大学前身），参与创办水产系，先后任副教授、教授和系主任等职。

【齐钟彦】

齐钟彦（1920—　），贝类学家。直隶（今河北）蠡县人。1945年毕业于中法大学生物系。建国后，任中国科学院海洋研究所研究员兼南海海洋研究所研究员，中国动物学会理事、贝类学会理事长。20世纪40年代同张玺合作，对云南地方属螺丝做了详尽研究，阐明了各种间的关系，发表了新种。20世界50年代和张玺一起参加和领导了海洋贝类资源调查。20世纪50年代末期同苏联科学家合作，首次开展了我国海洋潮间带生态的研究，为海岸带的开发利用作出了贡献。与张玺等合作，发表论文五十余篇。合编有《中国北部经济软体动物》、《贝类学纲要》等。

三 《中国海产动物研究之进展》

1942年，张玺完成了《中国海产动物研究之进展》的论文，据他自己说，这是为庆祝李石曾60寿辰而写的一篇文章，但事实上，这是一篇对于中国海洋研究状况做出的科学分析，对自然科学史的研究有很重要的意义。文章中，张玺对多年海洋动物的研究进行总结并做了精辟的分析。首先，对我国各海的形质及与海洋动物的关系加以论述，继而就海洋动物而言，他提出烟台、秦皇岛为研究渤海动物的良好场所；威海、青岛是研究黄海动物的良好场所；定海和厦门是研究东海动物的良好场所；海南岛是研究热带海洋动物的良好场所。他将我国海洋动物的研究发展分为三个阶段加以论述：

第一个阶段是自古昔至清代嘉庆初年（1800年），在这一漫长的时代中有不少文字记载谈到海洋动物。张玺列举了《尔雅》、《说文》、《古今注》、《闽书》、《中馈录》、《尔雅翼》、《齐民要术》、《直省志书》、《本草纲目》、《桂海虫鱼志》等书记载的一些海洋动物，其所定之名称及解释，如贝类中的竹蛏、魁蛤等，仍为近代动物学引用，其他一些书籍如《海味索引》、《闽中海错疏》、《临海异物志》、《岭表录异记》等等也有许多海产动物生态、习性及其利用的记载。古代文人以海洋动物为题的诗赋也讲了一些海洋动物的名称、形态等，如王义之的《噉蚶帖》、毛胜的《水族加恩簿》、梅尧臣的《食蚝诗》、张如兰的《蛏赞》和《蚶子颂》等。他特别提到清初蒋廷锡等的巨著《古今图书集成》的博物汇编，是集各家之大成，对许多海产动物的图形、解说及利用等均记载甚详，但自此以后就再没有这样的著作了。他认为这可能有多种原因，但最重要的是没有从科学方法入手。

第二个阶段是自嘉庆初年至民国十八年（1800—1929 年），这一时期我国海洋动物的研究主要为外国人所做。19 世纪以来许多国家举行了大规模海洋调查，一些国家成立了海洋机构，不少外国人也来我国搜集资料，发表了我国的不少海洋动物种类。张玺对这一阶段外国人对中国鱼类、贝类等方面的研究做了评述，其中鱼类方面的工作最多，软体动物也不少。

第三个阶段是自 1929 年至 1942 年，这一阶段是我国科学家自欧美学习回国后自己开展海洋动物研究的时代，这一时期我国的科研机构纷纷建立，中国动物学会、中华海产生物学会先后成立，同时出版了一些动物学的杂志和论文集。张玺简要介绍了各研究机构的概况，并且列举了自1929年至1937年期间我国学者逐年发表的海洋动物方面的论文共143篇。

四　战后至新中国成立

抗日战争胜利后，北平研究院动物研究所回到北平，仍旧在西郊动物园建置。北京动物园，是中国最大的动物园，明代为皇家庄园，清初改为皇亲、勋臣傅恒三子福康安贝子的私人园邸，俗称三贝子花园。东部叫乐善园，西部叫可园。清光绪三十二年（1906年），可园和乐善园合并，收集了一些动物，称万牲园。20世纪20年代末的名称为“农事试验场”，李书华等在筹建北平研究院时看中了这块场地，把“农事试验场”更名为“天然博物院”，学术方面与国立北平研究院合作，博物院内的设备供研究院研究用。北平研究院的三个研究所——植物研究所、动物研究所和生理研究所就设在这里。1934年，中法教育基金委员会、国立北平研究院和国立北平天然博物院三机构合作，由北平研究院和中法教育基金会共同出资，占用天然博物院的土地建成一座占地近2000平方米的生物楼，为纪念法国生物学家拉马克（曾译为陆漠克），该建筑命名为“陆谟克堂”，以供北平研究院动植物研究所的研究室和标本室之用。

这时，张玺的工作又开始回到海洋贝类学上来，他为了发展动物学的工作，又增聘了沈嘉瑞先生和刚刚从美国回国的朱弘复先生为研究员，并且为他们增配了助手。这个时候的研究所已经略具规模。当时国内战事又起，研究所不便到各地进行大规模的野外调查，主要整理从昆明带回来的材料，其间曾两次派研究人员到青岛和烟台采集各类海产动物标本，发表了数篇在云南搜集的动物的论文。

1947 年秋天，张玺安排齐钟彦和马绣同来到了青岛，并写信给当时在青岛的山东大学生物系童第周教授，请童先生给齐钟彦他们提供帮助。童第周先生很高兴，这样胶州湾的海产动物调查又可以继续了。童先生给他们提供了许多生活上的便利，并派学生协助他们开展野外生物标本采集工作。这是齐钟彦第一次在海边采集生物标本。张玺先生认为一个动物分类学家必须有采集标本的能力，只有看到实际标本，才能真正地搞研究。齐钟彦这也是第一次来青岛，这个海滨城市给齐钟彦留下的印象很美，但他和马绣同都没想到后来会来青岛安家，更没想到会在这儿生活大半辈子。

【沈嘉瑞】

沈嘉瑞（1902—1975），浙江嘉兴人。我国甲壳动物分类学的创始人，我国第一位专门研究蟹类的专家。1927年毕业于南京东南大学农科生物系。1934年获英国伦敦大学动物系哲学博士学位。1935年回国后，在北京大学、西南联合大学和云南大学任教。曾参加中国动物学会，任该会理事、常务理事。新中国成立后，任中国科学院动物研究所研究员。1957年起历任《动物学报》副主编，《动物学杂志》主编，《中国动物甲壳动物》主编，中国海洋湖沼学会理事和《海洋与湖沼》学报编委，中国水产学会常务理事及编辑委员。写成我国甲壳动物的第一本分类学专著《华北蟹类志》和我国动物志中无脊椎动物部分的第一本类志《中国淡水桡足类志》。

【朱弘复】

朱弘复（1910—2002），昆虫学家。江苏南通人。1935年毕业于清华大学生物系。1945年获美国伊利诺伊大学研究院哲学博士学位。曾任美国卫斯理大学客座教授。1947年回国。建国后，历任中国科学院昆虫研究所副所长和动物研究所研究员、副所长、代所长，中国昆虫学会理事长。领导棉虫研究工作，对我国棉虫的发生和防治理论进行了研究，提出了预测预报的具体措施。

为控制棉虫危害，提高我国棉花产量作出贡献。在昆虫分类学研究方面，对鳞翅类昆虫有较深入的研究。在分类学原理方面，首先作出“数值分类”外，又开展了“支序分类”。发表论文约百篇。著有《动物分类学理论基础》等。

第三章　从北京到青岛（1949—1967）

北平解放后，北平研究院由军管会文教委员会接管。动物所着力于恢复围城战争中所受的创伤，因为在1948年北平解放前夕，三贝子花园成为国民党驻军防守的前沿阵地，对动物所的破坏极其严重。接管后的军管会非常重视科学研究工作，在解放战争最紧张的时期财政十分困难的情况下，仍增加了张广学等人，维持了该所的出版物，并支持到白洋淀地区进行水生生物调查。参加调查者有夏武平、齐钟彦、刘瑞玉、马绣同四人，时间约一个月，调查报告发表于1949年和1951年。

【张广学】

张广学（1921—2010），昆虫学家。回族。山东定陶人。1946年毕业于中央大学农学系。中国科学院动物研究所研究员。蚜虫研究专家。首次证明中国植物界的科级、属级分别与蚜虫的属、种级平行演化；提出杂草蚜虫演化为作物害虫进而演化为世界危险害虫生物型的重要事实和论断；最早提出以基地非耕种指数、生态自然调控机制和生物多样性作为评选马铃薯无病毒原种基地的首要条件，并提出综合防治蚜传病毒方法；首次确定了当归麻口病的病因及用种苗包衣剂防治办法。1991 年当选为中国科学院院士（学部委员）。

【夏武平】

夏武平（1918—2009），动物学家、生态学家。直隶（今河北）柏乡人。1945 年毕业于燕京大学生物系。建国后，历任中国科学院西北高原生物研究所研究员、所长、名誉所长，中国动物学会兽类学会理事长。早期从事水生生物学研究，后研究兽类学，对啮齿动物的生态学和分类学造诣较深。曾领导青藏高原高寒草甸生态系统的研究。著有《红松直播防鼠害研究工作报告》、《大兴安岭和嫩江地区流行性出血动物宿主的调查研究》、《中国经济动物志——兽类》，编有《高寒草甸生态系统》等。

第一节　张家口鼠疫

1949 年 10 月 1 日，中华人民共和国成立。以原中央研究院、北平研究院的部分研究所为基础，11 月在北京成立中国科学院，它是国家科学技术方面的最高学术机构、全国自然科学与高新技术综合研究发展中心。

当月在张家口发现4人死于鼠疫，北京感到很恐慌，所以组织力量进行考察，任务就落在了动物研究所身上。当时没有相关的专业人员，科学院也只有张玺领导下的几个研究动物的人，都不是研究兽类的，但是对这个任务他们还是接受了。

鼠疫是一种非常可怕的流行疫病。中世纪欧洲流行时，曾经导致1/4的人口死亡。1920—1921年在东北流行时曾经导致6万多人死亡。东北解放战争中西满地区也因流行鼠疫死了好几千人。鼠疫在距北京不远的张家口发生，引起了震惊。从1949年10月28日《人民日报》的一则消息，我们也可以看到这次鼠疫来临后各界的重视程度：

华北局发出通知　紧急防鼠疫

察北鼠疫侵入张家口　京津各机关应作有效准备

【华北消息】察北鼠疫继续蔓延，中共中央华北局特于十月二十七日发出紧急通知，内称：察省的这次鼠疫，是自本月十四日在察北康保境内联合县租银地察汉崩崩村开始的。最初是一个后草地的商人，到该村后第二天就病死了，因无尸主，未即掩埋。数日后遂发生了流行病疫。染病的人快者一天即死，慢者也不过三五天就死，该村三天内就死了三十三个人。其后即蔓延到龙王庙村、佛德堂区和宝源县境，病死人数续有增加，且已证明确系鼠疫。二十五日晚，有一从疫区逃出的老百姓，于赴张途中，死在张家口北十六里之某村，经抽血检验结果，证明亦因鼠疫致死，二十六日一天内，张市死四人，据初步检验证明亦为鼠疫。

为扑灭鼠疫阻其蔓延，察省党政军民业已紧急动员起来，由各系统负责人组织灭疫防疫委员会，统一筹划与指挥防疫灭疫工作，疫区亦建立此种组织，并采取如下紧急措施：（一）将死人及其病中接触物品完全烧毁；（二）对病疫流行村严格封锁，建立绝缘地带，与外界割绝来往，不使一人漏逃外村，并严格检查户口与行人，实行村与村、户与户联防，互相检举并保证不接触外村人，不准留外村人住宿；（三）进行治疗与防疫注射。现察省府主席张苏已亲赴疫区推行上述工作。

为援助察省人民，东北与华北合组之混合防疫队七十七人，已于二十六日早到达张市，该队装备齐全，所带疫苗足够五万人注射之用。但这个力量还是十分不够的，据估计尚需更大的防疫队携带足够给五十万人注射的疫苗前往救治；此外，临近该省病疫地区的绥、热等省亦应紧急动员防止病疫传入，在京、张之间的交通贸易上也应作有力的措施。

通知最后指出：鼠疫是为害很大、传染很快的一种病疫。京、津和张家口之间有铁路交通，每日来往军民甚为频繁，有极大可能将此种病疫传入河北及京、津两地，因此，京、津各机关应在思想上、组织上和医疗上均作有效的准备，以保卫首都不被鼠疫侵入。

关于当时到张家口灭鼠的情形，夏武平回忆说：

1949 年 12 月我决定参加此项工作。1950 年 2 月初，也就是在春节之前参加了卫生部组织的考察组到流行地区进行现场考察。流行地区在当时的察哈尔省和内蒙古交界地区的农牧交错地带，所以卫生部就成立了一个察蒙鼠疫防治所。我 4 月份就参加了这个所的野外工作，工作中一项重要的任务就是对当地的家鼠和野鼠进行鼠疫菌检查。几个月时间做了成千只老鼠的检查，结果都没有发现有染菌的老鼠。这样，我自己觉得应该扩大检查面，不仅仅限于流行地区那几个村庄，而应将检查面扩大到草地上去。经过他们同意，我们一个工作组前往当时的正白旗所在地布尔东庙检查，结果发现了6只黄鼠染有鼠疫菌。这样证明了在这个地区存在有鼠疫疫源地，这也算我工作的初步结果。后来我又做过其他疾病的鼠害和林业鼠害、草原鼠害、农田鼠害的研究。

兽类学是动物学里最重要的一门分支学科。虽然20世纪20、30年代有人做过一些工作，但是经过八年抗战的破坏等原因，到1949、1950年时已经没有人搞了，在国内成了空白。夏武平所做的这个工作在一定程度上有一些开创的意义。这就显示了张玺他们的视野广阔，目光远大，能够看出兽类学的重要。现在，国内兽类学的队伍已经有相当的规模，成立了兽类学会，出版有《兽类学报》。

第二节　中科院海洋研究所

一　青岛——海洋科学城

早在1935年，张玺进行第一次胶州湾海洋生物考察的时候，青岛这座黄海之滨的美丽城市，就给他留下了深刻的印象，它得天独厚的地理位置、适宜的气候以及丰富的海洋物产，对于每一个深爱海洋的人来说，都是一个极大的诱惑。所以，从20世纪初叶开始，就有众多的学人钟情于此，建立了许多专门的院系与科研机构，并且把这里作为栖居所。

1928年，青岛曾经开办了中国最早的海洋学机构——青岛观象台海洋科，进行海洋水文气象和生物观测，“寄生”于观象台内。深爱海洋的宋春舫辞去北京大学的教职，亲自担任海洋科的科长。他认为，中国的海岸线很长，但真正具有基础研究条件的现代滨海城市却不多，青岛紧邻胶州湾，具有极佳的条件，因此建议在青岛建立海洋研究所。

1930年秋，成立于1915年的中国最早的现代科学学术团体——中国科学社在青岛召开会议。基于青岛观象台海洋科学研究的开展状况和青岛优美的海洋环境，以蔡元培为首，包括李石曾、杨杏佛、胡若愚、宋春舫、蒋丙然等倡议，成立中国海洋研究所筹委会。筹委会推举胡若愚、蒋丙然、宋春舫为常务委员，并决定以中国海洋研究所的名义筹建青岛水族馆，由青岛观象台负责工程的设计及组织施工。观象台让出莱阳路保留的地块（今鲁迅公园内）。1931年1月破土，1932年2月竣工，5月8日由蔡元培主持举行了落成典礼。青岛观象台台长蒋丙然兼任青岛水族馆首任馆长。历经70余年的风雨，水族馆仍然巍然屹立在汇泉湾畔，成为莱阳路红瓦绿树间一道美丽的风景。

1934年年底，已获得博士学位的童第周毅然归国，经人推荐来到青岛，任国立山东大学生物系教授。

1935年春，张玺第一次来到青岛，组织胶州湾海洋动物调查团，开始了在我国具有开创意义的胶州湾海洋动物调查。

1935年6月，曾呈奎受国立山东大学校长赵太侔的邀请，来该校任生物系讲师，讲授海藻学、植物学。同年，林绍文受赵太侔的邀请，举家来到青岛，担任该校生物系教授兼主任。

1946年，林绍文受国民政府农林部委派，主持筹建中央水产研究所。经过两年多的苦心经营，1947年秋中央水产研究所正式组建成立，林绍文担任首届所长。这是中国最早的综合性水产研究机构。1949年，该研究所迁至青岛，并逐步发展为今天的中国水产科学研究院黄海水产研究所。

1949年，国立山东大学决定在青岛复校，童第周离开复旦大学，再赴青岛参加复校工作，并任生物系教授兼主任。他写信邀请曾呈奎到青岛工作。曾呈奎放弃美国优越的工作、生活条件，克服重重困难，于12月回到祖国。

新中国成立之后，百废待兴，又适逢中国科学院机构调整，张玺和童第周、曾呈奎都怀着满腔的热忱，准备为新中国，为他们所钟爱的海洋生物事业尽心尽力。天时、地利、人和具备，于是中国科学院海洋研究所的前身——中国科学院水生生物研究所海洋生物研究室在他们的积极筹备下建立。

二　莱阳路28号

这里是一座由德国人建造的度假型小旅馆，最早的海洋生物研究室就设在这里，而今这里已经成为张玺故居。在当时的青岛，这里还是一处非常幽静的地方，面海而居，汇泉湾风光旖旎，小青岛婉约秀丽。诗人卞之琳1935年来青岛时就住在这里，他说："冬天的青岛，静悄悄的，街上行人很少，完全没有城市的喧嚣。偶尔有一辆马车，'得得'地从门前驶过。""入夜之后，小青岛灯塔上的红灯一闪一闪，给人以诗的遐想。"

1950年，张玺他们有没有这份诗意，我们不得而知，但1950年的8月1日，在青岛海洋生物研究室成立的时候，这个研究室还面临着很多现实的困难：

> 研究室有房屋二所，隔马路相对，以目前的情形论，现有房屋，勉强可以足用。
>
> 设备——本实验室的基础，是前北研院动物学研究所之无脊椎动物部门，该所前因经费关系，设备亦不甚佳，此次由京运青物资，大部分为海产标

本，至仪器、药品则为数不多，故为目前应用起见，曾在上海、青岛、北京等处添购若干应用物件……

（青岛海洋生物研究室通讯组，《科学通报》，1951 年第 1 期，第 86 页。）

能够在自己喜欢的领域进行工作且又有一个相对独立的研究空间，对于张玺来说，是非常令人振奋的事情，他和童第周、曾呈奎等一起筹备建立了这个研究室，并积极响应号召，率领原动物研究所的主要人员和图书、标本、仪器由北京迁往青岛。1950 年底的时候，一些做研究之用的基本设备，流动海水、水族室、低温室、恒温室、吉普车、橡皮船等基本到位，小汽艇暂时在上海，等待起运；显微镜、双筒解剖镜等仪器设备，向国内订购的已经齐备，向国外订购的要等到 1951 年 4 月才能运到；标本大部分是从北京运来，加上在青岛刚刚采集、曾呈奎贡献出的私人搜集，还有待慢慢整理。那个时候最寒酸的要数图书资料了，大部分是原北京图书馆、北研院动物研究所的藏书，且绝大多数集中在无脊椎动物研究方面，其余各部的参考书籍，几乎一无所有。

海洋生物研究室当时有工作人员 30 人，主任童第周，副主任曾呈奎、张玺。

关于筹备和成立的情况，时任副主任的曾呈奎有这样的回忆：

1949年6月2日青岛解放不久，北京准备召开中华全国自然科学工作者会议，电报邀请童第周教授和我前往参加筹备委员会。在会议期间，我们会见了正在筹备成立中国科学院的竺可桢教授。我们讨论了关于成立海洋研究所的问题。当时中国研究海洋的力量一共只有二十几人，除了两位搞物理海洋学的人员，即山东大学的赫崇本和厦门大学的唐世凤以外，都是搞海洋生物学工作的，包括以张玺为所长的北平研究院动物研究所，人员最多，但有关人员也只有十几人；以童第周和我为首的山东大学动物系和植物系，有八人；以王家楫为所长的中央研究院动植物研究所，有四人。所以竺可桢表示应当首先把这些人组织起来，先成立海洋生物研究室。这个研究室有一个附带任务，就是积极扩大力量，为成立海洋研究所创造条件。

1949年11月1日中国科学院成立了，下设几个研究所，其中有水生生物研究所，所长为王家楫研究员。这个所创建在上海，包括淡水和海洋生物的研究，王所长和伍献文副所长都是水生生物学的研究人员，王研究原生动物学，而伍是研究鱼类学的。院部有意接受王和伍的意见，据说也征求了张玺的意见。他们都表示同意，1950年初春，院部派王家楫、张玺二人加上吴征镒教授组成三人小组来到青岛，首先同山东大学商量调童和我出来主持海洋生物研究室，其次是同我们商量成立研究室的有关具体问题。这是十几年后我同张玺的第二次见面。不久，中科院决定在青岛成立海洋生物研究室，将北平研究院动物研究所大部分人员调入，以童第周为主任，我和张玺为副主任。同时还在厦门成立厦门海洋生物研究室，以北平动物所的沈嘉瑞教授为主任，二年后因国民党飞机轰炸厦门而内迁长汀，不久就停办了。

研究室8月1日正式成立时，除了童第周和我以外，还有跟童工作的吴尚勤，跟我工作的张峻甫、娄康后和分配来所工作的大学毕业生纪明侯、管秉贤、任允武、郭玉洁及孙继仁等人，另有4位职员及2位工人共计16人。当时张玺副主任正在北京组织来青人员的搬迁工作及留京人员的安排，因此，他没能参加研究室的成立会，而是于两个月后，1950年10月率领齐钟彦、刘瑞玉、李洁民、马绣同等同志并携带有关标本、仪器及图书来青岛参加工作。以后张凤瀛、张孝威、成庆泰、郑执中、吴保铃、郑守仪等海洋动物学家及许多青年相继来室工作。在建室的17年间，张玺及他领导下的工作人员对中国海洋无脊椎动物的分类、区系、形态和生物学做了大量的研究工作，对北自鸭绿江口南至西沙群岛进行了多次的调查。张玺 1957—1960 年担任中苏海洋生物调查团中方团长，领导了青岛、塘沽、大连、舟山、湛江和海南岛的调查，特别是对海南岛的调查规模最大，前后做了春、夏季及秋、冬季两次调查，获得了丰富的资料和标本，推动和发展了我国的潮间带生物学研究。

（曾呈奎，《深切怀念张玺教授》，《张玺文集》，学苑出版社 1999 年 10 月版。）

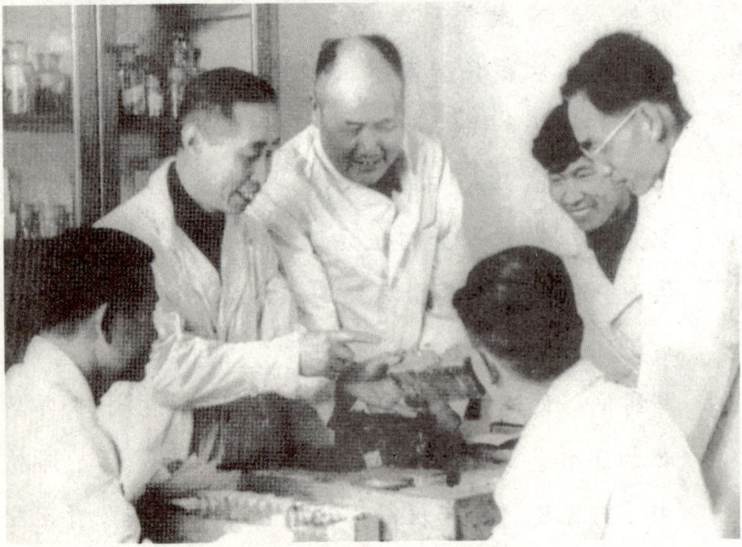

童第周（左 2）与张玺

莱阳路28号成为张玺科学研究事业的新的起点，从此之后，他就陪伴着这片大海孤独地生活、工作，把几乎所有的精力都献给了他的海洋生物研究。从曾呈奎的回忆中，我们可以知道，张玺来青岛，是在研究室成立的两个月后，是带着人员、仪器、标本、图书来到的，他的夫人和子女并没有随之前来，刘瑞玉在相关文章中这样回忆道：

> 1949年中华人民共和国和中国科学院的建立，为我国海洋科学事业的迅速发展创造了条件和保证。张玺教授受中国科学院郭沫若院长之命，带领动物所主要人员携图书仪器前来青岛，与童第周、曾呈奎二位教授组建并领导了青岛海洋生物研究室（隶属水生生物研究所）；他们三位如鱼得水，有了施展个人才华的机会与场所。童老除在实验胚胎学和发育生物学领域不断深入创新、攀登世界高峰外，提议我们开展对虾人工育苗和养殖研究，并亲自动手做人工受精实验，了解对虾精、卵的特点。曾老对藻类分类、生态、养殖和海藻化学等领域有了全面推动与发展，对整个海洋科学主要分支领域作了通盘规划设想。张老在全面发展贝类学的基础上，率领学生们开展了主要经济贝类（牡蛎、鲍、

贻贝、扇贝、珍珠贝等）实验生态和养殖生物学研究。他们为海洋研究所建立了高度重视基础研究与生产建设相结合的正确科研路线。并使这一优良传统得以继续发扬光大，取得了优异成绩。

张玺教授为海洋所的建设与发展贡献出了全部精力。他到青岛是一个人只身来的。生活十分简单，保持着俭朴的优良传统，除因公赴京时能与夫人和儿孙团聚外，从不请假探亲。他为本所海洋动物学的发展作了有步骤的安排。与此同时，他还为南海海洋所的建立（任所长）与发展，为北京动物研究所淡水和陆生软体动物研究，为南京地质古生物学研究所的贝类化石研究，费尽了心血，培养了不少干部，进行了具体指导和帮助。北京大学地质系著名进化生物学专家张昀教授，就是他早期为该校培养的研究生。赞誉他“桃李满天下”，确是名副其实，毫不夸张的。

（《张玺教授与我国的海洋动物学》，《张玺文集》，学苑出版社1999年10月版。）

张玺的孤独在于他的简单的生活，而他的丰富则在于他对海洋生物的全心投入。他的夫人和孩子一直留在北京，聚少离多，直到他去世，一家人也没能团圆，甚至在他辞世的时候他的夫人都不知道。对于这些事，多年之后，齐钟彦教授还难以释怀：

> 他就一个人住在办公室，有人给他在所里面打饭。他就一个人在这里度过，他那时的年纪也不小了，他把他的全身心都贡献给科学事业了。他长期一直在这，老伴也没有在这，老伴一直在北京。后来他去世的时候他老伴还不了解不知道。一直都是瞒着的，直到老伴去世都不知道。在“文革”之前他也很少回去，所以家里都习以为常了，以为他还在世。
>
> （山东人民广播电台2006年10月7日、8日《直通黄金海岸·周末人物·敢为天下先的张玺访谈》。）

张玺与家人

张玺是河北人，燕赵之地，慷慨悲歌，但在他的同伴眼里，张玺却表现出知识分子所特有的温柔敦厚、严谨细心的性格。在抗战时期的昆明就和他在一起的吴征镒于1950年来到海洋生物研究室，开始和张玺有了真正地深入接触，在后来的回忆中，他这样描述：

然而我真正和先生深入接触，则是解放以后的1950年。那年为了调整旧社会遗留下来的科研机构，为了集中力量创办海洋生物研究所和水生生物研究所，我奉命追随尔玉先生和“中央研究院”王家楫先生从北京专程去青岛。一则拜访当时在山东大学任副校长的童第周、叶毓芬夫妇和在生物系任教授的曾呈奎先生，二则为当时即将开辟的海洋生物研究所寻找初步集中人马的落脚之处。在约一个多月的接触中，我才进一步认识这位身材高大壮实的“燕赵之士”，并不总是慷慨悲歌、“铜琶铁板”那样的人物，却也是温柔敦厚，细心和耐心皆备的真正的学者。他们虽然来自旧社会各立门户的不同学院和学校，受过不同国家的科学训练，个性也各自不相同，但在解放初期，号召团结协作、共谋发展的口号下，都是以学者的气质经过切磋琢磨和与有关各方商定，取得一致的建所方案，并选定临时所址。那就是海滩旁的 Dutch Village（娱乐场）和莱阳路的一所旅馆。都是驻华美军撤退后的遗迹。从这里开始，为后来获得较大发展的海洋研究所做了充分准备和良好的开端。他本人原在30年代组织过“胶州湾海产动物采集团”，和弟子马绣同发表过4期报告，又有《胶州湾之海洋环境及其动物之分布》等文的丰富经验作基础，但他从原“北研”班子中只带来了齐钟彦、马绣同等少数几位，易伯鲁和朱宁生则归宿到创址于武汉的水生生物研究所，他们后来都成为该所的骨干。而他却从不计个人的名利和已有的地位。那种献身、创新、求实、协作精神足以作为后学的楷模。据闻后来创办南海海洋研究所还想调他主持该所，那时他已六十出头了。

（《怀念张玺先生的几件事》，《张玺文集》，学苑出版社 1999 年 10 月版。）

正是凭着这种舍小为大的献身精神，青岛海洋生物研究室在童第周、曾呈奎、张玺三人的带领下，如一株根系发达的小树，茁壮成长，它注定要长成一棵浓荫蔽日的参天大树。1954 年 1 月 1 日，中国科学院水生生物研究所青岛海洋生物研究室更名为中国科学院海洋生物研究室，直属中国科学院。这个时候的工作人员已经由原先的30人扩大到220人，研究室主任为童第周，副主任曾呈奎、张玺。三年之后，即1957年的9月1日，经中国科学院批示，改名为中国科学院海洋生物研究所，下设植物研究室、无脊椎动物研究室、脊椎动物研究室、实验动物研究室、水文物理室等，此时的工作人员已经有500人，童第周任所长，副所长为曾呈奎、张玺、孙自平。仅仅是一年多后的1959年的1月1日，中国科学院海洋生物研究所扩大建制为中国科学院海洋研究所，下设水文物理研究室、海洋植物研究室、海洋

张玺与同事们

无脊椎动物研究室、海洋脊椎动物研究室、实验动物研究室。人员编制继续扩大，达到750人，所长童第周，副所长曾呈奎、张玺、孙自平等。1961年，长春地质研究所并入该所地质室，规模空前扩大。在此情况下，所长童第周亲自选址，在南海路7号的汇泉海水浴场的东侧扩建，成为我国海洋研究备受瞩目的研究机构。

【胡若愚】

胡若愚（1895—1962），本名言愚，字如愚，安徽合肥人。国立北京大学毕业，曾任张作霖镇威上将军公署顾问。1925年任北京政府善后会议委员、临时参政院参政。1930年4月任国民政府卫生部政务次长。1930年6月出任青岛市市长。1931年2月兼任北平市代理市长、国民政府实业部开滦矿务局督办。1962年病逝于天津。

【蒋丙然】

蒋丙然（1883—1966年），字石沧，福建闽县（今福州市区）人。早年赴比利时留学，专攻农业气象学，获博士学位。后任国民政府教育部中央观象台代理台长，兼任北京南苑航空学校教官、代理航空署气象科科长及北京大学、北京师范大学讲师。1924年起，历任青岛市观象台台长、中国气象学会会长、国民政府教育译名委员会委员、中央研究院气象研究所及天文研究所特约研究员、中国海洋研究所筹备组常委。1936年，任山东大学教授。不久，赴台任台湾大学农学院教授、台湾天文学会和气象学会首届理事长。被意大利气象学会聘为名誉副会长，成为中国有史以来获此殊荣的第一人。

【宋春舫】

宋春舫（1892—1938），浙江吴兴人，王国维的表弟，剧作家、戏剧理论家，曾留学瑞士，精通英、德、拉丁等多种文字，回国后任过北京大学、清华大学教授。他又是一位藏书家，被誉为“世界三大戏剧藏书家”之一，其书房“褐木庐”主藏国外戏剧书刊。他还是中国海洋科学的先驱，曾任青岛观象台海洋科的科长，倡导建立中国海洋研究所，在他的努力下，1932年在青岛建立青岛水族馆。

【林绍文】

林绍文（1897—1990），福建漳州人。世界著名海洋生物学家。早年毕业于燕京大学，后赴美国康奈尔大学学习，获哲学博士学位，并当选ZIGAMAXI会员。1933年归国后曾任厦门大学副教授、国立山东大学生物系教授兼主任、国立贵阳医学院生物形态学系教授及主任，并兼省立贵阳科学馆馆长。1947年组建农林部中央水产实验所（黄海水产研究所前身），并任所长。1949

年后任联合国粮农组织渔业技术专家和亚洲及远东地区渔业养殖专家、台湾农复会渔业组顾问、美国华盛顿大学渔业学院客座教授、迈阿密大学海洋及大气学院名誉教授。在世界上首次成功地解决了罗氏沼虾人工育苗和养殖技术，在世界水产养殖领域成绩卓著，被誉为世界“淡水虾养殖之父”。

【童第周】

童第周（1902—1979），浙江鄞县人。实验胚胎学家。1927年毕业于复旦大学生物系。1930年获比利时比京大学科学博士学位。1948年当选为中央研究院院士，1955年当选中国科学院院士（学部委员），后任中国科学院发育生物学研究所研究员、中国科学院生物学部主任，中国科学院副院长。中国实验胚胎学的创始人。用分裂球活体染色法证明海鞘镶嵌型发育的极性或轴性，以纤毛的运动作为实验对象和极性指标，探讨胚胎极性这样一个胚胎发育的重大问题；在文昌鱼发育方面，研究分裂球之间的相互关系，胚层之间的相互关系以及诱导作用等，使胚胎学界对文昌鱼个体发育有了全新的认识。对于理解系统发育起到了启迪作用；晚年进行了细胞核和细胞质在发育中关系的研究，证明了在个体发育中，核与质之间不是彼此独立的，而是有非常密切的关系。他从教多年，培养了大批学生，有不少学生成为国内外知名的学者。

【赵太侔】

赵太侔（1889—1968），中国戏剧教育家。又名赵畸，字海秋。山东益都人。1918年毕业于北京大学英语系，1919年入美国哥伦比亚大学攻读西洋文学，继入该校研究院专攻西洋戏剧。1925年归国后，参加创建国立北京艺术专门学校艺术系，任教授兼系主任。这是中国最早的正规话剧学校。他倡导话剧超脱人生、纯艺术化，主张保存旧剧。1928年6月，他去山东泰安创办民众剧场，继续从事戏剧教育。翌年6月，剧场迁济南，更名山东实验剧院，他任院长，至1930年秋停办。后脱离戏剧工作，曾任山东大学校长。中华人民共和国成立后在山东大学、山东海洋学院执教。

【曾呈奎】

曾呈奎（1909—2005），1931年毕业于厦门大学植物系。1934年毕业于广州岭南大学研究生院，获理学硕士学位。1942年毕业于美国密执安大学研究生院，获理学博士学位和拉克哈姆博士后。历任山东大学植物系教授、系主任兼水产系主任及海洋研究所副所长，中国科学院海洋生物研究所研究员、副主任、副所长、所长，名誉所长。1980年当选为中国科学院院士，1985年当选为第三世界科学院院士。是我国海藻学研究的奠基人。他最早从事我国底栖海藻分类区系的调查研究，对开发我国海藻资源起到重要作用并取得了许多科研成果。

【孙自平】

孙自平（1910—1968）原名凤春，又名孙紫萍。蓬莱县（今山东蓬莱市）弯子口村人。1932 年在本乡任教。1935 年加入中国共产党。1938 年参与组织蓬莱抗日武装山东人民抗日救国军第三军第二路。历任政治部组织科长、营指导员、团政治处主任、蓬莱县县长、山东水产局副局长、中国科学院海洋所所长兼党委书记。1949 年后，主要从事水产行政、科研领导工作。

三　南下广州

除了在青岛的研究工作，1958 年，张玺又和邱秉经一起，开始创建海洋研究所南海海洋分所。他答应海洋研究所党委书记孙自平的要求，每年抽出半年的时间到广州主持南海海洋研究分所的工作。

1959 年 1 月 7 日，南海海洋分所正式在广州成立。1960 年初迁至广州新港路。不久迁往湛江市建所，广州部分改为工作站。1962 年中科院决定将南海海洋所改为中国科学院海洋研究所（青岛）南海分所，并于 1963 年同意将所部迁回广州新港路原址。1966 年 2 月 7 日，中国科学院批准南海分所恢复独立建制，定名为中国科学院南海海洋研究所。1969 年中南分院机构撤销后，该所一度下放广东省，改名为广东海洋研究所。1973 年 10 月，中国科学院重新收回广东海洋所，回归中国科学院建制，并恢复“中国科学院南海海洋研究所”名称。因此，它既是全国解放后建立起来的我国第二个海洋研究所，也是开拓南海区域海洋学事业的第一个海洋研究所，在我国海洋科学研究中具有独一无二、不可替代的地位。

就像现在的青岛海洋研究所一样，南海海洋研究所今天也已经颇具规模和影响，但在创业之初，那些开拓者所面临的情况还是极为艰难的。刚刚建所的时候，既没有家底，又缺少经费，他们耕耘于海洋之中，靠一艘 240 吨木船起家，同时又争取到一艘美国 1925 年制造的由货船改造成的海洋调查船“实验”号。就在这样简陋的条件下，他们在海况异常复杂的南海安全作业多年，开展了“全国海洋普查及中越合作的北部湾海洋综合调查”、“0701”任务、“湛江港泥沙回淤调查”、“珍珠贝和珍珠养殖研究”、“海岸带综合调查”、“北部湾环流系统的调查”、“北部湾水团结构”等多项调查研究工作，取得科学成果，奠定了最初的基础。

研究所要发展，靠的是人才，在广州期间，张玺积极想办法从全国聘任兼职研究员负责指导青年研究人员的工作，对该所的成长起到很大的作用。针对当地海洋资源的特点，他提出进行珊瑚礁和珍珠贝的研究，并亲自率领人员到广东、广西进行珍珠贝的调查，获得了大量的一手资料，并且为南海海洋研究所培养了一批珍珠培育和珊瑚礁研究的骨干，同时建起了一些养殖场。

对于当时张玺一人肩挑两处重任的情况，齐钟彦教授回忆说：

> 后来他不仅仅担任我们所的副所长了，还担任南海所的所长。建立南海所以后领导就说："你在海洋所待半年，到南海所也待半年，给两边培养培养人，两面都搞起来。"南海有珊瑚、有贝类，贝类的特点就是有珍珠。南海所生物上的重点就是搞珊瑚、搞贝类、搞珍珠，所以南海所就培养了几个搞珍珠的。他是国家珍珠小组的组长，整个管理珍珠，而且珍珠搞得很有成绩，这可以说也是他的功劳。
>
> （山东人民广播电台2006年10月7日、8日《直通黄金海岸·周末人物·敢为天下先的张玺访谈》。）

在这段时间里，张玺没有间断自己的研究工作，他根据大量的资料发表了《中国海软体动物区系区划的初步研究》。该论文曾于1962年6月及9月先后在青岛由中国海洋湖沼学会和中国科学院海洋研究所共同召开的海洋动植物区系讨论会以及在苏联列宁格勒由太平洋西部渔业研究委员会召开的太平洋西部动物区系和藻类区系学术讨论会上宣读。在文章中，张玺首次将我国的软体动物区系划分为暖温带性质的长江口以北的黄渤海区；亚热带性质的长江口以南的大陆近海、台湾北岸；海南岛南部以南的海区三个区域。黄海区与日本北部相似，属太平洋温带区的近东亚区；长江口以南的大陆沿岸与日本南部相似，属印度—西太平洋热带海区的中—日亚区（亚热带性质）；海南岛南部以南与日本的奄美大岛以南相似，属印度—西太平洋热带海区的印尼—马来亚区。

【邱秉经】

邱秉经（1905—1990），又名邱伯艾、邱白匀，广东普宁人。早年在上海艺术大学、南华大学读书，后在各中学任教。1940年春调任福建永定侨育中学校长。1947年下半年到泰国，参与筹建曼谷南澧中学并任副校长。1948年遭泰国当局拘捕，被驱出境。此后，进入云南，先后任澜沧专署专员、桂滇黔边纵整训总队特派员等职。1952—1959年，历任中国影片公司华中公司副经理、华南公司经理、文化部电影局办公室主任、中国电影出版社副社长。1959年11月调广州，任中国科学院南海海洋研究所所长。1979年4月任中国科学院广州分院副院长。主要著作有《烟波集》。

第三节　潮涨潮落寻贝人

一　贝类

大海，潮涨潮落，以自己广阔的胸怀养育万物，这是大自然赐予人类的财富，也给人们开辟了认识它、了解它的广阔领域。张玺就是这样一个经常逡巡于海边、捡拾起一个个美丽贝壳的人。他的一生，也就与这些形态各异的贝类结下了深缘。

软体动物是重要的海洋生物资源，很早便为人们所重视。公元前 4 世纪古希腊的亚里士多德就以贝壳的有无区分这类动物，并搜集了有关它们的生态、习性等资料。以后很多世纪，人们对软体动物的认识进展缓慢，直到欧洲文艺复兴时代才有人做一些研究工作。较系统地研究软体动物是从 17 世纪开始的，1685 年英国 M. 利斯特发表了第一部软体动物著作《贝类学大纲》。后来林奈、拉马克和 G.B. 居维叶等对软体动物的研究都有很多贡献，特别是居维叶对软体动物解剖学的研究，弥补了只用外部形态分类的不足，使软体动物的分类得到很多改进。18 世纪后，很多国家开展了大规模的海洋调查，出版了许多系统研究软体动物的专著和图志，促进了对软体动物的深入研究。

我国古代对软体动物的观察和记载很早。汉代初期的《尔雅》把动物分为虫、鱼、鸟、兽四类，其中鱼包括了鱼类、两栖类、爬行类等低等脊椎动物及鲸和虾、蟹、贝类等。后来的不少著作中描述了许多种软体动物的形态、生活环境、习性、生物学特性以及利用等，比如李时珍的《本草纲目》和蒋廷锡的《古今图书集成·博物汇编》等书，记录了不少贝类的性状和用途。这些古书中所用贝类名称如淡菜、文蛤、牡蛎、石决明和魁蚶等，现在我们仍在使用。有关养殖方面的文献，以明朝郑鸿图所著的《业蛎考》比较系统，概述了我国古时的牡蛎养殖生产情况。

近代研究工作则是从20世纪20年代末期，从张玺开始。还在留学法国时，张玺就开始进行软体动物后鳃类（我们俗称的贝类）的研究，他所写的《普娄旺萨沿海后鳃类的研究》和《青岛沿岸后鳃类的研究》是当时的两篇代表作。在这两篇著作中，他不仅描述了这两个海域的种类，而且对每一种的外部形态、解剖、生活习性、交尾、产卵、发生等都做了详细论述，著作中还讨论了后鳃类的胚胎学和生物学课题。结合描述的种类分别论述了后鳃类的食性、运动、防御、再生、对盐度变化的适应、变异与畸形、共生和寄生、交尾和产卵、发生、影响发生的外界因子和幼虫形态比较等问题，迄今在我国无脊椎动物的研究中还很少有这样全面、精细的工作。

二　牡蛎的研究

法国作家莫泊桑曾经写过一篇短篇小说《我的叔叔于勒》，其中有男搭客请两个漂亮太太吃牡蛎的细节："她们用一阵优雅的姿态吃起来，一面用一块精美的手帕托起了牡蛎，一面又向前伸着嘴巴免得在裙袍上留下痕迹。随后她们用一个很迅速的小动作喝了牡蛎的汁子，就把壳子扔到了海面去。"牡蛎外形狰狞，壳体粗糙，有时还会有小小的贝壳长在上面，里面的肉却白白嫩嫩，具有很高的营养价值。

牡蛎是附着于沿海岩石、竹、木、铁上，营固着生活的软体动物。世界上除了非常寒冷的地区，基本上都有分布，尤以温带、热带繁殖为最盛。因为牡蛎的区域分布面广，捕捞又容易，加上它的肉味解美，营养丰富，故早在石器时代已被人类用作食物，考古工作者就从石器时代的拉杂物堆中发现过牡蛎壳。为了得到更多的这种美味，于是人们想方设法进行研究，想着能不能像繁育家禽和家畜一样，对牡蛎进行人工养殖。在古希腊亚里士多德的时代，便有了关于牡蛎养殖的记载。宋朝时候，我国也已应用简单而实用的插竹养蚝的方法，而且这种方法近代尚为某些国家所沿用。

任何的科学试验研究都是建立在服务于百姓生活、国家建设的需要基础上的，张玺他们也是如此。当时我国沿海各省还有许多海涂没有开发，对于牡蛎养殖来说，是一种浪费，于是，在张玺的带领下，研究人员利用将近六年的时间，对我国的牡蛎进行了一番全面的调查。

> 为了进一步搞清楚我国沿海的牡蛎种类，我们在1950年开始自辽宁省的鸭绿江口至广东的北部湾止，进行了全国沿海经济贝类的调查研究，这项工作到1955年年底止。其中对牡蛎的种类、分布、习性、产量和经济上的重要性等大体上有了一个概括的了解。我们发现过去发表过的文献有（一）地区的局限性，（二）同物异名，（三）异物同名，（四）产地不详等缺点。因此我们结合了自1928年以来陆续搜集到的标本，并参考了小部分日本、菲律宾的材料，把我国的牡蛎重新加以研究。共定出13种，隶1属，4亚属。其中有3种在我国为首次记录。
>
> （张玺《中国牡蛎的研究》，《动物学报》，1956年6月，第8卷第1期）

其实早在1937年，张玺就发表了《中国海岸的几种牡蛎》[1]，报道了10种。经过多年的努力，他又对潮间带数量最多的养殖种进行调查，发现有19种之多。1957年，张玺他们发表了《僧帽牡蛎的繁殖和生长的研究》[2]，对僧帽牡蛎（现称褶皱牡蛎）的繁殖季节、产卵、发生、生长等进行了系统研究，为这种贝类的养殖提供了基本参考资料。

张玺研究僧帽牡蛎的材料来源于青岛。这种牡蛎的贝壳小而薄脆，普通长4—6厘米，体型大部分呈三角形，我国沿海各省均有分布，大量固着在低潮线附近，生活在正常的海水盐度中，生活能力强，生长迅速，肉味鲜美。对僧帽牡蛎进行观察的时候，他们选取了僧帽牡蛎繁殖较多的栈桥和小港的桥墩上，固定几个竹筐，竹筐的垂直位置在低潮线附近。在竹筐内以水平方向布置了一定面积的拱形黑瓦、玻璃板、石板等固着器，每隔七天取出材料，用解剖镜检查单位时间内幼虫的附着数量。经过几年不间断的观察研究，他们发现僧帽牡蛎的生长速度比其他牡蛎的生长速度都要快，收获期早，适宜于短时期的养殖，养殖资金的周转也快，而且肉味鲜美，在牡蛎的养殖事业上具有独特的优点。

1958年，他们又发表了有关僧帽牡蛎肉质部的增

① 该文收录于《生物学研究》，1937年第4期。
② 该文收录于《海洋与湖沼》，1957年第1期，合作者楼子康。

长与季节关系的研究成果，对一年长成的僧帽牡蛎在贝壳和肉质部的生长关系做出了科学的规律研究。他对南海的养殖种近江牡蛎做了专门的调查研究，在养殖这种牡蛎有名的宝安县沿海搜集了丰富的资料，继而编写了《牡蛎》①和《近江牡蛎的养殖》②的专门文章和专著。

三　栉孔扇贝的研究

扇贝是国家确定的八种海珍品之一，与海参、鱼翅、鱼肚（由某些鱼类的鱼鳔加工干制而成，又称鱼胶、花胶）、鱿鱼、刺参、紫海胆（学名棘球海胆）、鲍鱼齐名，肉质细嫩，鲜味纯美，营养丰富，其中的蛋白质含量63.7%，氨基酸含量高达23%。人们多把它们制成干品出售，即有名的干贝。

栉孔扇贝是我国制造干贝的唯一来源，经济价值较高，在20世纪50年代，它的产量很少，而且有逐年减产的趋势。有些地区过去产量多，现在产量减少了；有些地区过去曾有出产，现在采不到了。因此，干贝的价格也逐年上涨，使它很难成为大众化的食品。所以不论是在现有资源的利用和保护上，或是在今后的繁殖增产上，研究栉孔扇贝的繁殖和生长的规律都有很重要的意义。从1951年起，张玺带领着自己的团队开始了栉孔

---

① 该文收录于《生物学通报》，1956年第2期，合作者楼子康。
② 张玺，《近江牡蛎的养殖》，科学出版社，1959年5月第1版。

扇贝的调查研究工作。经过几年观察、试验，对这种扇贝的一般习性，特别是在繁殖和生长方面特点，已经得到了比较完整的资料，这对制定栉孔扇贝的繁殖保护条例和进一步开展它的养殖事业，都提供了有利的条件。

这次研究所用的栉孔扇贝，大部分是从山东半岛石岛北方的东楮岛采得的，小部分是从俚岛、长山八岛和青岛的大港采得的。试验工作除了一小部分是在烟台、俚岛、东楮岛进行以外，主要都是在青岛贵州路山东水产养殖场的海带养殖区附近进行的。这个地区的海面接近外海，高潮时水深约 10 余米，底质完全为岩石，水流较急，海藻生长相当繁茂，以青岛地区来说，这是相当适宜栉孔扇贝生活生长的地区。

作为试验和研究的材料，在采得生活的栉孔扇贝以后，便分别测量它们的贝壳的高度和长度，按大小分成很多组，用柳条或竹篾编成的篓子装起来，放养在海底，按月检查它们的生殖腺的变化，一一测量它们的贝壳增长的情况，从而了解生殖腺在各个时期的成熟程度，和各组栉孔扇贝的贝壳在各个月份中生长的速度，以及各个年龄个体生长速度的比较。因为栉孔扇贝是用足丝固着生活，在成体一般是不活动的，而且它的摄食方法也是和一般的双壳类一样，是从进入它身体里面的水分中获得的，所以我们用条篓在海中进行养育，对它来说，是没有什么不合适的，试验的结果也证明它们在条篓中的生活、生长和繁殖都是很正常的。用各种大小的栉孔扇贝分成很多组养育，逐月测量它们的生长情况，一方面可以同时了解各个年龄的个体的生长情况，并且还可以把各组生长的情况连接起来，从一年的生长资料推测到它几年的生长情况。

（张玺、齐钟彦、李洁民，《栉孔扇贝的繁殖和生长》，《动物学报》，1956年12月第8卷第2期。）

调查持续了四年，1953年开始，1956年结束。经过多次的观察实验，他们得出了栉孔扇贝雌雄异体的结论，它的精子和卵子都是直接排在海水中受精发育。这和达尔蒙1935年的研究是不同的。根据长期的观察，确定它的繁殖期是5月中旬到7月中旬，而盛期是5月下旬，并对它的产卵、排精过程及卵子的发育都进行了描述。根据1953—1956年的生长测量总结了这种扇贝的生长规律，并根据这些研究资料提出了对这种珍贵贝类的繁殖保护意见：

可是在山东半岛，渔民捕捞栉孔扇贝的季节是从五月中、下旬开始，这就使一大部分的扇贝得不到产卵的机会，因此也就严重影响了它的正常的繁殖，因此，我们考虑在制定栉孔扇贝的繁殖保护条例时，应该把它的捕捞期定在产卵盛期以后，最早是在六月初开始，因为这样就能使最大多数的扇贝得到产卵的机会，而且产卵后的个体用来制造干贝，对于扇贝的产量也没有影响。

在扇贝采捕个体大小的问题上，根据栉孔扇贝生长的速度和不同大小出产干贝重量的比较研究：

我们认为比较幼小的个体采来制造干贝是很不经济的……所以我们考虑贝壳高度在70毫米以下的不采，可能是比较合适的。这样对于出产干贝的重量影响很小，而且70毫米以上的个体（从卵孵化生长约3年半）在群体组成中所占的比例也在50%以上。

这些研究为进行扇贝人工育苗和养殖奠定了基础。对于张玺的这些研究，时隔多年之后，齐钟彦教授对自己的这位恩师充满了敬佩之情：

对淡水的调查他是第一个，对海洋的调查他也是第一个。虽然那时不如现在这么先进，但是他利用当时的技术做出成绩来我可以说那是第一份。珍珠养殖是他开创的，贝类也是他开创的。起初他在青岛搞扇贝，我们从出扇贝的地方运标本，他用篓子养。那时没有现在的这个条件，他用篓子养也养得很好，这个开端很难的。

四 “海笋”与“船蛆”

天津是我国北方重要的港口，为了发挥其枢纽作用，1951年8月24日，中央政务院决定修建塘沽新港，成立了以交通部部长章伯钧为主任委员的“塘沽建港委员会”。9月新港工程全面开工，1952年10月，一期工程告竣。当时的《人民日报》以《访问建设中的塘沽新港》为题，发表了一篇通讯，今日读来，我们仍能从那些气势雄浑的文字中感受到塘沽新港的壮美身姿：

在祖国的北方，渤海湾的滩头上，现在正建设着一个规模宏大的商港——塘沽新港。

这个商港究竟有多大？至今还找不到肯定的回答。只见那浪涛翻滚的大海里，竖起了两道高大厚实的墙壁，一眼望不到头，人们叫它“防波堤”。为了建筑这防波堤，曾劈下了唐山、南口两地的半面山。两道大堤之间挖成了几十里长的航道，使混浊浑黄的海水变成了蔚蓝碧绿的清流。建港工程还没有完结，航道内外漂浮着各种奇形怪状的船只，这是建筑港口的主要工具。一种叫做“吸扬式”的挖泥船，后边拖着几里长的粗大“尾巴”（排泥管）。船头往海底一扎，大量的淤泥便神不知、鬼不觉地输送到一、两千公尺以外的陆地上去了。另一只叫做“自航式”的挖泥船，每二十分钟左右能挖去四千七百吨淤泥，它一天的工作效率等于一万八千个人。在这里工作的职工人员不下数千名，但那里都看不到成群或成队的人。原来这个巨大建筑的百分之九十以上的工程是靠机械来做的。在这里，海上和岸上的电线联在一起，火车和快艇往来奔驰，风镐和电焊机的冲击声，汇成震耳欲聋的巨响。这是人和海洋在搏斗。

（林里，《访问建设中的塘沽新港》，《人民日报》1952.10.07）

但就是记者浓墨重彩描绘的劈了“唐山、南口两地的半面山”而建造的“两道高大厚实的墙壁”——防波堤，却在刚刚建成之后就面临了“灭顶之灾”：“凿石虫”正在一点点啃噬着看似坚固的石灰岩。“千里之堤，溃于蚁穴。”眼前的这种能钻入岩石的小虫子到底是一种什么样的海洋生物，它们对于防波堤的危害程度到底有多大？

1952年的10月，筑港工程公司提出了“凿石虫”在塘沽新港的危害情况，12月的时候，材料送至青岛海洋生物研究室。其实早在研究室刚刚成立不久的1950年的秋季，在对青岛、烟台、石岛的考察中，张玺和他的工作团队便注意过“凿石虫”的情况，它们生活在风化了的岩石中，因为危害程度不大，就没有引起重视。在新港送来的材料中，张玺发现这些“凿石虫”都生活在坚硬的石灰石表面，与其前所见不同。这使得张玺坐立不安，但要获得一手的资料进行研究，还要躬身实地考察才行，于是，在1953年的3月底和7月初，他两次来到塘沽新港进行细致的调查。

经过实地考察和样本分析，张玺认为这种“凿石虫”属于软体动物门瓣腮纲真瓣腮目的海笋科，它们的形状大多类似竹笋，味道鲜美，因此一般都称之为海笋。在对海笋的海岸分布、一般习性进行认真细致的研究后，他发表了《塘沽新港“凿石虫”研究的初步报告》，提出了应该从海笋的生活习性入手，采取有针对性的防治措施：

1. 岩石种类的选用：从我们初步了解中，已经得到了“凿石虫”是生活在石灰岩、辉绿岩和页岩中，对花岗岩及砂岩类不能侵入，因此今后在海中建筑码头、防波堤等应采用花岗岩及砂质岩石。

2. 大部分海产动物对于海水的含盐量都具有一定程度的适应能力。如果能设法使海水的含盐量降低，便可能使害虫死亡。……若继续数年在害虫繁殖季节，大量由海河放入淡水，使港内海水的含盐量降低，便可能使“凿石虫”消灭……

3. 充分研究“凿石虫”的生活史、生活环境和生活习性等，可以为防治提出理论依据。因此这方面的工作是很重要的。关于“凿石虫”的垂直分布和对各种岩石关系的试验，新港筑港工程公司已经于9月2日在防波堤附近放置了试验材料，此外问题还很多，需要今后更有计划的研究解决。

（张玺、齐钟彦、李洁民，《塘沽新港“凿石虫”研究的初步报告》，《科学通报》，1953年11期）

就如在初步研究报告的最后所提出的，很多问题还需要更有计划的研究解决。张玺带领着他的队伍此后又进行了多次的研究观察，于1960年在《动物学报》发表《中国的海笋及其新种》的文章，提出海笋科的种类除极个别的能在距河口很远的淡水河流中生活以外，其余都是在海洋中生活的；它们栖息的环境随种类变化很大，泥沙滩、黏土或风化的岩石、坚硬的石灰石、木材甚至海底电线、粗锚链的铅皮都是它们穿凿、栖息的场所。它们的肉味鲜美，尤其是个体较大的种类，较之牡蛎有过之而无不及，是优良的海产食品。更由于有些种类在坚硬的石灰石和木材中穿孔生活，能使岩石或木材的坚固性和持久性受到很大影响，对港湾建筑及木船有较为严重的危害，所以这类动物常是特别引人注意的。

与海笋同属于瓣鳃纲海笋科的贝类中，还有一种被人们称为“凿船贝”的海洋生物——船蛆。它们是专门危害木材的贝类，对海洋中的木船、木质定置网具、码头和堤岸等内的木质构件的危害十分严重，所以拉丁语称船蛆为“凿船者”。船蛆的外形很像一条蛔虫，身体直径不过2—3毫米，可钻劲儿却十分大，在短短几个月内，便可钻进1米深，再加上船蛆惊人的生长和繁殖速度，它们的危害程度就更可怕了。有一种船蛆只要半个月左右的时间，就可长大100倍。大约一个半月时间，便可产卵繁育，虽然寿命不过一年，却可达几代同堂，其破坏性就更惊人了。

对于船蛆给航海带来的威胁，历史上曾有几个著名的事例：1502年，哥伦布开始了第四次航海探险，途中，由于船蛆对船舶的破坏，不得不将船队停在了加勒比海；1730年，荷兰堤岸遭到严重破坏，是船蛆蛀毁堤岸木质桩柱引起的。为了对付这些顽强的“敌人”，人们想尽了各种办法，但普遍使用的还是火烤船底的办法，或者定期将木船拖上岸，也可以驶到江湖淡水中去，或者用其他材料代替木材等等。20 世纪 50、60 年代，我国的钢铁产量不高，钢材较为缺乏，所以海洋船只的船体有许多是木质的，特别是民用渔船，几乎都是木船。码头、堤岸、桥梁的桩柱，有不少也是木头的。船蛆的危害更显得严重。

得知这种情况，张玺非常着急，开始组织人员对此进行专门研究，不仅搜集了大量标本，而且也搜集了它们危害的情况和群众的防除方法等资料，并且写成专门文章发表。在 1955 年第 1 期的《动物学报》上，他们发表了《中国北部沿海的船蛆及其形态的变异》的文章，对全国普遍分布、危害严重的船蛆（Teredo navalis Linnacus）在青岛的繁殖、生长以及危害的严重情况做了研究。发现它在青岛海域的繁殖季节是从 5 月下旬到 10 月下旬，幼虫附着期以 8—9 月份水温 24℃时最盛，这时一块 100 平方厘米的木板在海中放 10 天即能附着上千个船蛆个体。对船蛆的一般生态，如与不同木材之间的关系、对低盐度海水的适应等也做了试验，为船蛆的防除研究提供了基本资料。在 1958 年第 3 期《动物学报》又发表了《中国南部沿海船蛆的研究》。这些文章是他们对青岛沿海以及从 1953 年到 1957 年先后在浙江、广东（包括北部湾、海南岛等地）、江苏、福建沿岸进行软体动物的采集和调查工作的成果，为后来研究船蛆的防治方法提供了重要的依据。

为了得到一手资料，查清船蛆的习性，他们在青岛、海南岛和浙江沿海等不同的海域里放置了一块块木板，用以观察船蛆的生长。春去秋来，几个寒暑交替，终于摸清了我国各个港口的船蛆种类特征，也找到了防治的办法。经过张玺他们的研究发现，我国沿海的船蛆17种，海笋19种。中科院海洋研究所也在娄康后教授的努力下，在1956年取得了很好的结果，找出防治船蛆的方法。最终向码头的建设者们提交了一份满意的答卷。

五　中苏海南岛动物考查

1957—1960年，张玺担任“中苏海南岛动物考查团”中方团长，对海南岛进行了春夏季和秋冬季的两次大规模调查，取得了丰富的各类动物标本，为我国的相关研究提供了重要的资料，并发展了我国潮间带生态学的调查研究。

这次考察从1957年5月开始，到1960年2月结束，由中国科学院海洋研究所和苏联科学院动物研究所组成的中苏海洋动物考察团完成，苏方的团长是E.Φ.古丽娅诺娃教授。将近三年的时间，他们先后在黄渤海和南海海南岛沿岸进行了许多潮间带动物的采集调查和研究工作，积累了大量的区系和生态资料，为今后我国海洋动物科学研究的发展奠定了极为良好的基础。这一次考察的主要成就是：

1. 海洋动物区系的研究：考察了上述地区海洋动物的种类组成，并发现了很多新的种类。例如在寄生于鱼类腮部的扁形动物的单殖亚纲，共发现2个新科，1个亚新科，50个新属和150个新种，这种发现对进一步阐明这类动物的分类系统与渔业生产的联系均有着很重要的意义。

2. 海洋动物潮间生态的研究：考查研究了上述地区潮间带动物的垂直分布和数量，比较了它们的栖息环境，绘制了不少图表。这些工作不仅在理论上大大充实了潮间生态学的内容，同时在生产实践上为发展海产养殖业提供了不少生物学方面的资料。

3. 海洋动物地理分布的研究：通过考察资料的比较研究，从缺乏地方种的事实，证明了日本海南部和黄海的动物区系应属于印度西太平洋区的一个独立的“省”，推翻了瑞典学者E. 艾克曼的上述海域的动物区系是一个独立区的结论。同时证明了我国南海海南岛海域也是属于印度西太平洋动物区的一部分；但它与属于这一区的中心马来海域相比较，动物种类要少得多，例如在马来海域有20多种红树，而在海南岛仅有10余种；至于珊瑚礁的形成和种类也相差很大，因此海南岛似乎也可以划为一个“省”。此外，通过热带资料与北极和温带地区比较的研究，进一步说明了自两极至赤道沿岸动物的分布情况，即愈近赤道动物种类愈多而数量愈少。这些资料为资源的开发提供了参考。

（张玺，《科学通报》，1960年第3期，67、68页。）

六　海洋贝类分类学

1949年10月新中国建立后，张玺带领着齐钟彦他们几个人，到了北戴河，从北方海域开始，新中国的海洋贝类调查工作有系统地开展起来。

一门“实用”的科学是需要年轻人投入进来的。1953年，张玺在山东大学水产系和生物系开设了一门新课程——贝类学。他不在青岛的日子里，就由齐钟彦代替他去讲。正是这次持续一年的讲课，结出了硕果，在齐钟彦的协助下，张玺完成了一部讲义——《贝类学纲要》。

到底什么是“贝类学”呢？

贝类学又称软体动物学，是研究软体动物分类、形态、发生、生理和生态等各方面问题的一门科学，它所包括的内容其实很广，研究的问题涉及分类学、解剖学、发生学、生理学和生态学等范围。

贝类学在英文中有 malacology 和 conchology 两个不同名词，前者是从希腊文 malakos 而来，是柔软的意思，按字义看，它研究的对象包括所有具贝壳和不具贝壳的种类，而且包括这些种类的贝壳和肉质部分；后者是从拉丁文 concha 而来，是贝壳的意思，按字义看，它所研究的内容仅限于有贝壳的种类，而且不包括它们的肉质部分。到了近代，学者们应用这两个名词时往往并不严格，因而它们所含的实际内容并没有什么显著的不同。但尽管如此，张玺和齐钟彦还是采用了前者，表明了他们眼中的“贝类学”，是一门内容博大、视野开阔的科学。

这部由张玺和齐钟彦合著于 1961 年的《贝类学纲要》，是我国第一本系统论述贝类动物学的专著。这部著作是我国贝类学的奠基之作，具有里程碑的意义。“硕果”不仅仅是一部著作，在听课的学生中，有几位于毕业后直接来到了他的身边，从事海洋生物分类学的研究，成为一代学术开拓和传承的中坚力量。张玺很重视后备力量的培养，从 1956 年开始，他招收了攻读贝类学的研究生。毕业于山东大学的张福绥来到了张玺和齐钟彦的身边。张福绥在齐钟彦的具体指导下，开始了海产贝类动物的分类学和生态学研究经过10多年的耕耘，张玺和齐钟彦等人对我国的海产贝类尤其是经济贝类，基本上摸清了家底。他们撰写出版了一系列的研究专著，如《中国北部海产经济软体动物》[①]、《中国经济动物志·海产软体动物》[②]、《南海的双壳类软体动物》[③]等，详细记述了科和种的形态特征、生态习性、分布及利用。

张玺清醒地认识到自己今后的工作重点应放在海产无脊椎动物的资源调查和一些有益贝类生态习性的研究上，当然，这个"自己"，也包括齐钟彦。他们的研究工作逐渐由理论结合实际，走出了纯学术的象牙塔。张玺逐步改变了在法国留学时形成的为个人兴趣而研究的观点。他带领着齐钟彦他们有系统地致力于中国海产软体动物分类学、生活习性和生态学研究。在工作中，张玺先生统一了大家的认识，这就是必须搞有用的分类学。分类学是一门实用的科学，是直接为社会生产和人们的生活需要服务的，不是单纯地为"分类"而分类。张玺的这一治学思想，促进了我国海洋生物养殖事业的建立和发展。在张玺"为了实用的分类学"思想指导下，我国的海洋贝类

---

① 张玺、齐钟彦、李洁民，《中国北部海产经济软体动物》，科学出版社，1955年7月第一版。

② 张玺等，《中国经济动物志·海产软体动物》科学出版社，1962年1月第一版

③ 张玺等，《南海的双壳类软体动物》，科学出版社，1960年第一版。

分类学开始展开了。为了查清我国海产贝类的分布，从北到南，自鸭绿江口起，直到海南岛和西沙群岛，都留下了他们的足迹；对于任何一个有经济价值的软体种类，如贻贝、蛤蛎、扇贝、牡蛎、鲍鱼等等，几乎都有一个人或一个课题小组在研究着它的分布特点、生态习性和人工养殖；对于那些有害贝类，他们更是投入了大量的力量，调查分布，寻找防治办法。

我国出产的贝类品种繁多，资源丰富，为了让社会大众了解我国丰富的海产贝类，张玺和齐钟彦还合作撰写了一本小册子——《我国的贝类》。这本书从生物演化的角度，系统地介绍了我国出产的主要贝类26种，如贻贝、蚶子、珍珠贝、扇贝、宝贝、红螺、鲍鱼、鹦鹉螺、乌贼、章鱼等等，以深入浅出的文字，扼要地介绍了这些海贝的外部形态、内部构造、生活习性、经济价值和养殖方法，书中还配有精美的插图，以帮助读者加深理解。这是一本大学者撰写的小书，体现出了两位学者的科学情怀。

张玺在中国科学院动物研究所建立了贝类研究组，领导开展了我国淡水与陆生贝类的研究，指导了钉螺的分类调查，并发表了洞庭湖和鄱阳湖双壳类软体动物的论文。

我们于1956年5月、1962年4至5月、1963年3月分三次到洞庭湖及其相连水域地区的长沙、沅江、周文庙、蒋家嘴、益阳、常德、桃源、津市、塔市、岳阳、城陵矶、汨罗、湘阴、株洲、衡山、衡阳等16个县、市和镇的各种水域做了一系列的采集调查。经过详细分析，初步鉴定出47种，分隶于4科16属，其中有一种为新种，一种为新亚种，24种为湖南省的首次记录。

故在1963年3至4月我们再次到该地区的南昌、谢埠等12个点做了一次比过去较为广泛和细致的采集调查。

从上面初步分析中，我们可以得出这样的结论：鄱阳湖与洞庭湖两地区的双壳类软体动物的种类组成基本上是相同的。但是，在种类的分布上鄱阳湖地区比洞庭湖地区较为均衡。

我们认为，这两个地区种类组成之所以基本相同，是与地质史相同有关的。

至于鄱阳湖地区的双壳类软体动物在地理分布上较之洞庭湖地区较为均衡，可能与下面几种情况有关：第一，鄱阳湖湖区与河流（除修水外）之间的底质组成比较一致，大部分都是沙泥底；第二，鄱阳湖没有像洞庭湖受长江影响那样大，因此，其北部的淤塞也远没有像洞庭湖那样迅速；第三，该地区（如瑞洪、徐家埠）的一些池塘直接与河流相通，而这些河流的中、下游或河口地区盛产双壳类软体动物。而洞庭湖少有这样的情况。

（张玺、李世成，《鄱阳湖及其周围水域的双壳类，包括一新种》，《动物学报》1965年第17期。）

1967年7月10日，张玺先生在青岛离开了人间。

张先生最初住在科学院青岛疗养所里，他来青岛时家并没搬来，夫人和子女都在北京。“文革”开始后，疗养所不让住了，他们要给张先生在外面找一间小屋让他一个人住。我找到了当时管房子的人，我说，这怎么行呢？张先生一个人怎么生活。后来他们给张先生安排了一间房间，既当办公室又当卧室。在1966年张先生的工资就停了，一个月只发15元生活费，这怎么能够呢？张先生对我说，告诉北京家里吧，让他们给他寄点钱来，我说，别告诉，那会牵连他们，我们这几个人的工资还没有停，从这儿解决吧。后来我们的工资也停了，只发一点生活费。就这样大家也过来了。张先生后来不能说话了，晚上我们几个人轮班在那儿陪他，马绣同先生一个，刘瑞玉先生一个，再就是我，三个人轮流。

张玺与同事们

到了1967年，张先生就病逝了。走时一句话也没留下。张先生的身体没有别的毛病，就是血压高，要是没有“文革”，他的性格该是个活大岁数的人。

（内容来自1998年作者薛原对齐钟彦先生的采访。）

1995年，青岛市人民政府在百花苑为20位曾在青岛工作、生活并做出突出贡献的文化名人树立了塑像，以此表达对他们的深切缅怀。张玺塑像是首批入园的20尊文化名人塑像之一。

历史将永远铭记这位把一生献给海洋科学事业的伟大科学家。

第四章　薪火传承

张玺在做研究工作的同时，曾在中法大学、北京大学、山东大学、云南大学等高等学府任教，先后讲过海洋学、海洋生物学、动物学，组织学、胚胎学、比较解剖学和贝类学等课程。

鉴于其在海洋科学界的威望和影响，张玺被推选为第二、三届全国人民代表大会代表，山东省政协副主席，九三学社中央委员会委员及九三青岛市委主委，他还曾任中国海洋湖沼学会理事长，国家科委海洋组成员、水产组成员兼珍珠贝研究组组长。

第一节　张玺与中国动物学会

作为中国科协的一个组成部分，中国动物学会是中国动物科学工作者自愿结成的一个全国性、公益性、学术性社会团体，挂靠在中国科学院动物研究所。

该学会成立于1934年8月23日，地点是在江西庐山的莲谷青年会，签名发起计30人。会址初设在南京博物馆，后改在上海前中央研究院动物研究所，并于南京设通讯处。1935年，学会创办学术刊物《中国动物学杂志》，即今《动物学报》前身。嗣后陆续创办了《生物学通报》（1952年创刊，与中国植物学会、北京师范大学合办）、《动物学杂志》（1957年创刊）、《动物分类学报》（1964年创刊，与中国昆虫学会合办）、《兽类学报》（1981年创刊，兽类学分会和中国科学院西北高原生物研究所合办）、《蛛形学报》（1992年创刊，蛛形学专业委员会与湖北大学合办）、《医学昆虫与寄生虫学报》（1994年创刊，与中国昆虫学会、军事医学科学院微生物流行病研究所合办）。

1948年9月，平津区八科学团体联合会第一次筹备会在北平中南海北平研究院举行，时在北平研究院动物研究所工作的张玺、沈嘉瑞分别代表动物学会和中国科学社参加会议。在1949—1950年度的职员及理事会改选中，张玺与陈桢、伍献文、沈嘉瑞、童弟周、王家楫、李汝祺、沈同、崔之兰、贝时璋、陆近仁、熊大仕、刘崇乐、伍兆发、赵以炳等15人当选第七届理事会理事。

1950年2月4日下午召开第一次理事会会议讨论：修改会章问题；青岛海滨生物实验所移交科学院问题（通过）；推选陈桢（兼理事长）、沈同（兼书记）、李汝祺、刘崇乐、张玺等5人为常务理事。

第二节　张玺与中国海洋湖沼学会

中国海洋湖沼学会是由海洋湖沼科学科技工作者自愿结成的非营利性的学术性群众团体，是国家发展海洋湖沼科学技术事业的重要社会力量，也是中国科学技术协会的组成部分，办事机构现在青岛市。

中国海洋湖沼学会于1950年1月在上海成立，选举秉志为第一任理事长。并先后在北京、上海、青岛、厦门、武汉等地建立了分会。1950年8月，总会由上海迁至北京，理事长改由孙云铸担任。1953年6月又由北京迁至青岛，选举张玺为理事长。1963年，学会在武汉召开了第二届全国会员代表大会暨学术年会，张玺被再次推选为理事长。

海洋湖沼学会自成立以来，先后建立了水文气象、海岸河口、海洋化学、水环境、鱼类、贝类和藻类等二级学会以及风暴潮研究会。1950年2月，学会曾参与北京12个科学学会联合举办的论文报告会，并先后组织过8次公开演讲会和承担了1951年5月举办的动物演化展览会的大部分筹备工作。1961—1984年，分别在青岛、武汉等地举行数次全国性海洋科学学术会议，交流学术论文2000多篇。各省、市地方学会也先后组织学术交流会60余次，学术报告会80余次，学术考察活动30余次。

学会的主要任务是开展国内外学术交流，编辑学术书刊，推动海洋与湖沼科学的发展，同时普及海洋、湖沼科学技术知识，开展咨询活动，并对国家海洋和湖沼资源的开发利用、发展战略及科学技术政策提出建议。

【秉志】

秉志（1886—1965），生物、动物学家，教育家。中国近代生物学的主要奠基人。刊行中国最早的综合性学术刊物《科学》杂志。从20世纪20年代起，长期从事中国生物学的教学、研究和组织工作。是中国第一个生物学系和第一个生物学研究机构的创办人，中国动物学会的创始人。培养出一批不同分支领域的早期动物学家。在脊椎动物形态学、神经生理学、动物区系分类学、古生物学等领域进行了大量开拓性的研究。20世纪50年代后，全面地研究鲤鱼实验形态学，充实和提高了鱼类生物学的理论基础。

【孙云铸】

孙云铸（1895—1979），古生物学、地质学家。江苏高邮人。1920 年毕业于北京大学地质系。1927 年获德国哈勒大学地质系理学博士学位。中国地质科学院副院长、研究员。中国古生物学、地层学的奠基人之一。早期研究三叶虫化石及中国古生界，1924 年出版的《中国北部寒武纪动物化石》是中国学者第一部古生物志。对笔石、头足类、海林檎、珊瑚等化石开展研究，取得重要成果。20 世纪 40—60 年代，全面论述了划分地史时代的三个原则，全面探讨了中国古生代的海侵及生物分区等基础理论问题，为地层古生物研究的发展做出重要贡献。1955 年选聘为中国科学院院士（学部委员）。

第三节　张玺贝类学奖励基金

在将近 40 年的科研事业中，张玺为我国的动物学及海洋湖沼学做出了杰出贡献。中国海洋湖沼学会、中国动物学会贝类学分会第七次会员代表大会暨第十一次学术讨论会，正式设立“张玺贝类学奖励基金”，以永久纪念这位中国湖沼学、动物学研究的先驱。

中国贝类学会是在贝类学家齐钟彦教授的倡议和组织下，于 1981 年成立的，现作为分会隶属于中国动物学会和中国海洋湖沼学会，挂靠中国科学院海洋研究所。

中国贝类学的研究范围涵盖古贝类和现生贝类（陆生贝类、淡水贝类、医学贝类和海产贝类），涉及的研究方向有：古贝类进化与环境变迁，形态、区系、生物多样性及其保护，遗传育种及其安全性，病害，养殖与生态环境等，取得了丰硕的研究成果，促进了我国贝类学理论和相关技术的应用与发展。

第四节　张玺与九三学社

九三学社的前身是1944年底成立的“民主科学座谈会”。后为纪念1945年9月3日抗日战争和国际反法西斯战争胜利，改为九三学社，并于1946年5月4日在重庆正式成立。它是以科学技术界高、中级知识分子为主的具有政治联盟特点的致力于社会主义事业的政党，是与中国共产党通力合作的参政党。

张玺加入九三学社，介绍人是严济慈、朱弘复，1951年10月填写入社申请书，1952年5月被批准为社员。1953年1月，总社委派他在青岛市委统战部领导下发展组织，吸收12人，包括陆侃如、徐佐夏、唐世凤、周怀生、成庆泰、陆光庭、宋金声、赫崇本、蔡良琬、徐杏贞、贺玺贞、殷焕先。1953年6月，九三学社在青岛的地方组织开始建立，6 月 28 日，在山东大学工会俱乐部召开九三学社青岛直属小组成立大会，大会选举陆侃如为组长，张玺、徐佐夏为副组长。1954 年 6 月 20 日，在莱阳路 57 号中国科学院海洋生物研究室礼堂举行九三学社青岛分社筹备委员会成立大会。大会选举产生以陆侃如为主任委员，张玺、徐佐夏为副主任委员的筹备委员会。1955 年 11 月 20 日召开九三学社青岛市第一次社员大会，选举产生九三学社青岛分社第一届委员会。

在青岛九三学社，张玺是核心人物，从作为第一名成员开始，他就积极主动发展成员，在山东大学副校长陆侃如先生当选为九三学社青岛分社的主任委员后，作为副主任的张玺更是积极配合陆侃如先生的工作。后来在“反右”运动中，陆侃如被错打成“右派”，张玺最初很是震动，并对此表示了不理解，但很快在组织和领导的帮助教育下表明了态度和立场，与“右派”划清了界线，并成为九三学社青岛分社的主任委员。

【严济慈】

严济慈（1901—1996），中国物理学家，中国科学院院士，浙江东阳人。1923 年毕业于南京高等师范学校数理化部和东南大学物理系，获理学士学位。1925 年在巴黎大学获硕士学位。1927 年获法国国家科学博士学位。1927年起同时在上海大同大学、中国公学、暨南大学和南京第四中山大学任教授。1928年起在巴黎大学光学研究所和法国科学院大电磁铁实验室从事科学研究。1931年起一直任北平研究院物理研究所研究员、所长兼镭学研究所所长。1935—1938年当选为法国物理学会理事。1948年当选为中央研究院院士和中国物理学会理事长。1949年后，历任中国科学院办公厅主任兼应用物理研究所所长，东北分院院长，技术科学部主任，副院长，主席团执行主席、名誉主席；中国科技大学教授、校长，中国科技协会书记处书记、副主席、名誉主席；中国物理学会和中国光学学会名誉理事长，《中国科学》和《科学通报》主编，《中国大百科全书》总编委会副主任等职。曾任全国人大第三、四、五届常委会委员，第六、七届常委会副委员长，九三学社中央副主席、名誉主席。

【陆侃如】

陆侃如（1903—1978），现代学者。原名侃，字衎庐，笔名小璧，江苏太仓人，生于海门。1927年毕业于清华大学研究院。1932年赴法国留学，1935年获巴黎大学文学博士学位。归国后任燕京大学教授兼中文系主任。抗日战争期间先后执教于中山大学、东北大学。1947年任山东大学教授。1953年任山东大学副校长。与夫人冯沅君合著有《中国诗史》、《中国文学史简编》、《南剧拾遗》等多种。

【徐佐夏】

徐佐夏（1893—1971），药理学家。山东乐安（今广饶）人。1917 年毕业于北京医学专门学校。1920 年入德国柏林大学学习。1924 年回国。曾任北平大学医学院教授，西北医学院、江苏医学院院长。1951 年后，历任山东大学医学院、青岛医学院院长。1962 年加入中国共产党。是第一至三届全国人大代表。对药理学、药用植物学、毒理学有较深研究。著有《简明药理学》、《毒理学》、《植物疗法》等。

第五节　张玺与青岛市科联

1956 年 11 月 25 日，青岛市科联成立，在会员代表大会上，张玺被推选为副主席，童第周为主席，同时担任副主席的还有郭贻诚、潘作新、高振洲。青岛市科联的前身是中华全国自然科学专门学会联合会青岛分会和青岛市科学技术普及协会（简称青岛市科普协会）。它由全市性自然科学专门学会、协会、研究会、科普团体、县（市）区科协以及厂矿科协组成，实行委会负责制。

常委会下设国内国际学术交流工作委员会、科普工作委员会、组织工作委员会和科技咨询工作委员会，直接受中华全国自然科学专门学会联合会的指导。

第六节　张玺和他的学生们

张玺回国以后，为中科院南海海洋研究所的建立与发展，为北京动物所淡水、陆生贝类学的发展，以及南京地质古生物学研究所贝类学的研究，培养了一批科学研究的骨干。这是他留给海洋科研的宝贵财富，有力地推动了我国海洋动物学的全面发展。

早在北平研究院动物研究所期间，人员较少，除几名研究人员外，大多是刚刚分配来的大学毕业生。张玺对待所里的年青人要求很严格，也很爱护。齐钟彦和另外一个年青人的法文不好，张玺就找来一本法文的小书，每天给他们讲一段，然后让他们翻译出来，这样来提高他们的法文水平。

张玺时常对学生说，做生物研究和野外考察工作，什么恶劣环境、什么困难都能遇到，必须能吃苦，不能计较个人得失，只要工作需要，就可以牺牲一切。要有毅力，做事必须有始有终，绝不能半途而废。他每次下海采集都身先士卒，以自己的行动教育每位工作人员。

齐钟彦教授就曾回忆过抗日战争时期张玺在云南的一段危险经历：

> 当时在昆明的时候很艰苦，没有人，只有几个见习员。滇池那么大，每天要测量水温还要调查，这些工作是很艰苦的。有一次坐船出去，船出问题沉下去了，张先生身体高，露着头，结果后来把他救上来，他做调查总是亲自动手。
>
> （山东人民广播电台 2006 年 10 月 7 日、8 日《直通黄金海岸 · 周末人物 · 敢为天下先的张玺访谈》。）

他培养青年的一贯做法是，派学生到各地调查并写出报告后，都由他亲自审阅，提出问题，并加以指导，以使学生提高调查报告的质量。齐钟彦就跟着做了滇池和其他一些湖泊的淡水软体动物研究，张玺让齐钟彦他们几个年青人实践采集标本，锻炼他们野外调查的能力。在跟随张玺实习的日子里，有一些工作是独特的，如云南螺蛳的研究，这种螺蛳是云南所特有的，经过调查和研究，他们搞清了它的种类、生活习性和生态分布等。

对于张玺先生的关心，时隔多年，刘瑞玉依旧难以忘怀：

> 抗日战争胜利，我 1946 年有幸进入了北研动物所，张老安排我做沈嘉瑞教授的助手和学生，做甲

壳动物分类与生活史研究。从此，我一直在张老关心爱护下做研究工作。当时，研究所经费少得可怜，1948年组织第4次胶州湾调查采集，经费只够张老和夏武平、齐钟彦、马绣同四位，张老做我的思想工作。我因年轻，后学，不能到青岛采集是意中事，故无思想问题，但张老的关心一直使我记在心中。

（《张玺教授与我国的海洋生物学》，选自《中国动物学会、中国海洋湖沼学会贝类学分会第八次学术讨论会暨张玺教授诞辰100周年纪念会论文集》，1997年10月。）

20世纪50年代初，中国科学事业突飞猛进，大学生、研究生纷纷来海洋所工作和进修，张玺首先是给他们定工作方向，再给他们定学习任务，如先让他们写学习心得体会，教育如何做人，然后指导他们写比较简单的文章在中级刊物上发表，最后再进行深入研究。张玺在青岛进行海洋科研期间，常在晚上10点左右到他负责培养的学生房间，了解他们的学习情况，加以指导。他的三名副博士研究生需要学习德文，张玺四处奔波为他们物色教师，并时常过问他们学习的情况，加以督促。他曾亲自到研究生家中看望，以勉励他们好好学习。在研究学习动物地理学时，张玺让他们每人分章给全室讲课，一方面了解他们的学习情况，一方面也使全体同志有所提高。张玺以博大的胸怀，不遗余力地把自己的学识毫无保留地传授给学生。他的身教和言传，每一个学生都体会得到。通过研究和教学，张玺为全国培养了许多科研和教学骨干，他们中很多人都成长为对国家有突出贡献的人才。

毕业于山东大学的海洋贝类学家张福绥这样回忆：

> 我初闻恩师大名是1953年，首次拜会为1955年。我师从张玺教授应该说有一定缘分。1953我在山东大学水产系毕业后，分配到广东省水产学校担任贝类养殖课教学工作。一个刚出校门的年轻人，一无贝类学底蕴，二无现成教材，三缺参考资料，仅凭满腔工作热情，实难担起贝类养殖课的教学重任。自知无能而非担不成的情况下，唯一应急措施是带学生到养殖场向老渔民学习传统养殖经验，系统写出贝类养殖调查报告，以充实教材内容。广东沿岸贝类种类繁多，养殖历史悠久。两年生产实践，初步掌握广东贝类养殖的概况，但很多仅知其然而不知其所以然。1955年秋学校安排我进修一年，我自然想到张玺教授和他领导的贝类学研究集体。征得他同意，9月来到海洋所进修，经齐钟彦先生引

见拜会了张先生。他满面笑容、慈祥可亲，说了很多鼓励的话，并指出研究与发展贝类养殖的重要性。在这种高瞻远瞩的思想指导下，他早已安排了楼子康，稍后又安排谢玉坎两同志在珠江口调查研究近江牡蛎养殖。拜见后他安排齐钟彦先生指导我的日常学习，每周安排数次答疑。从此我就有机会聆听他们的教诲，同时也得到了其他先生的帮助。

一年的学习，打下了1956年夏参加编写全国贝类养殖课程教材的基础，进一步激发了我学习与研究贝类学的兴趣。1956年秋回校教课后，得知张玺教授招收副博士研究生的信息，喜出望外。经学校同意后报名，孰料一举考中。喜庆之余，深感这是从师进修一年的成效。当时一起录取的还有庄启谦和董正之，张师一次录收三徒，显得非常高兴，可见他对培养人才的重视。考虑到学校教学需要，我请求推迟半年来海洋所入学，张师胸怀全国，欣然同意。1958年全国进入“大跃进”阶段，伴随着“下楼出院”、科研为生产服务的浪潮，领导上安排我到新成立的贝类养殖组工作，当时个人思想上还有前思后顾，张先生则以大局为重，不仅支持这一方向性的举措，并且亲自挂帅领导，他早已感到开展应用贝类学研究的深远意义。1959年院部指示研究生制度不能取消，我便回到研究生岗位学习。毕业论文选题时，我向张先生表示了研究中国海浮游软体动物的意向，他考虑到该课题与分类区系和海洋生态学均有关系，在国内尚属空白，表示完全同意，并请郑重、郑执中等先生给予关照。他告诫我：作为学生，一切工作都要自己动手。据此，与做论文有关的许多具体工作，如收集文献资料、出海采集标本、制作保存、制片绘图等都是自己操作，如此则全面增长了工作经验，加深了研究内容的认识。先生的教导，使我一生得益。张先生工作繁忙，经常外出，在他的安排下，刘瑞玉、吴宝铃等先生也参与对我的业务指导，所内各学科的老前辈都不吝赐教，为我营造了良好的学习环境。1962年研究生毕业后，我留在贝类组工作。曾两次陪同张先生与国家科委海洋组的领导同志去南海各点检查珍珠贝培育等工作（张先生任珍珠贝项目技术组组长）。他作为南海海洋研究所的所长，曾安排相当一批科研人员投入该项研究。每到一地他必亲临现场检查，留心听取汇报，重视提出的问题，对工作、对青年的高度责任感，时时挂在他的心头。他平易近人的态度很受人爱戴，唯因工作繁忙不可能有很多时间去南海所。他曾考虑调我去南海所工作，当时我意识到这是对我的信任，但自感年轻底薄，无能力承担此重任，同时也不舍得离开海洋所如此好的学习工作环境，便坦然地谢绝了。当然张先生胸怀宽大，没有使我感到他介意此事，但至今我回忆起来仍感有些内疚。

（张福绥，《缅怀我国现代贝类学奠基人张玺教授》，《海洋与湖沼》1998年第3期。）

张玺无论在研究和学术上，均做严格要求，提出了严格、严密、严肃的“三严”要求，无论是对谁，丝毫不留情面。几十年过去了，董正之研究员至今仍对当年的一场论文答辩记忆犹新：

想起当时的答辩会我们是一直不敢松懈的。他很严格、很厉害，一点情面也没有。我们在工作当中也是要严格、严密、严肃，一点也不能放松自己，那是张玺先生对我们的教导，我是终生不忘的。

（山东人民广播电台2006年10月7日、8日《直通黄金海岸·周末人物·敢为天下先的张玺访谈》。）

张玺关心年轻人，不论是工作上还是生活上，都是关爱有加。苔藓虫专家刘锡兴这样回忆：

我是1963年到海洋所的，我是齐先生的学生，我是他的徒孙。当时张所长是单身，他就住在2楼实验室。张所长第一为人随和没有什么架子，跟下面的不管年轻的男的女的他都非常的随和。另外就是对年轻人学术上的成长很关心，他看到哪个年轻人晚上在那看书都非常高兴，他有时还来看看你有什么困难。他对年轻人学术上的关心不仅仅是他的专业，还包括其他的专业他都非常的关心。他的知识面比较广，海洋生物的各个领域都有他的学生。这个老先生非常可惜，如果不是“文化大革命”他不会去世那么早，他没有什么大病，就是有点高血压。

（山东人民广播电台2006年10月7日、8日《直通黄金海岸·周末人物·敢为天下先的张玺访谈》。）

徐凤山，双壳类专家，原来只有初中学历，在张玺的教育帮助下，成长为一个领域的专家。他说，没有张老师的教育，就没有我的今天：

对我们年轻人特别关怀，我从1952年在他手下工作。我没有上过大学，高中还没有毕业就到所里来工作，但是他对我们这样的人也并不是看不起，还是非常关心的。那时的工作和现在的工作不一样，晚上整个海洋研究室都是灯火辉煌的。晚上他经常到我们房间去转转、坐坐、聊聊。他了解你干什么工作怎么弄，特别是对我这样的更是如此。一般在这样的学术单位，大学没有毕业的一般没有什么地位。没有张老师的教育我现在也不能有这样的成果，所以我非常崇拜张老师。他对我们年轻人特别关怀，有时候在楼梯上见了面他也要问你几句，你干什么工作他就问你进展到什么情况了，他就这样关心你。我觉得他真是一个豁达的老者、长者，我们年轻人觉得很可亲可敬的。

（山东人民广播电台2006年10月7日、8日《直通黄金海岸·周末人物·敢为天下先的张玺访谈》。）

【董正之】

董正之，1929年7月生，北京人。中国科学院海洋研究所研究员，国际头足类咨询委员会（CIAC）理事，头足类生物学家。主要从事头足类（鱿鱼、墨鱼、章鱼）物种多样性和动物地理学研究，对头足类生态、资源也有研究。在头足类分类、分布和演化方面做出开拓性成果。基础研究结合应用，推动了头足类资源地理学的发展。主要专著有《中国动物志》软体动物门头足纲、《世界大洋经济头足类生物学》，发表论文40篇。1989年获中国科学院自然科学二等奖，1991年获全国十省市（区）优秀科技图书二等奖。

第五章　张玺档案

20世纪50年代中期开始，中国的社会风云突变，思想形态领域开始了“反右”、“四清”和“文革”，对于曾经在法国待过11年，与大量的国民党时代的人物打过交道的张玺来说，“检讨”、“检查”与“反思”成了这一阶段的主要任务。从大量的“自我交代材料中可以看出，他的留学经历在他的后半生中成了“检讨”的重要内容，而他的“自述”档案，也主要围绕其留学和在1949年前在北平研究院任职的人与事。

第一节　张玺自传

我1897年2月11日生在河北省平乡县东田固村一个耕读传家的旧礼教家庭里，自八岁时起在原籍私塾和高等小学堂里念书，至十七岁时在高小毕业后在家耕读了一年。到十八岁时（1915 年）离开家乡到保定甲种农业学校及育德勤工俭学留法班和直隶公立农业专门学校附设农艺留法班求学，前后三校共 6 年。这是我在国内求学时代。1921 年（24 岁）到了法国：在里昂中法大学预备法文，在里昂大学学习农学、生物学，1927 年得到硕士学位后，又在里昂大学理学院和法国沿海生物机构研究软体动物，至 1931 年 11 月得到法国国家博士学位。三个阶段共用去 10 年半，这是我在国外求学时代。

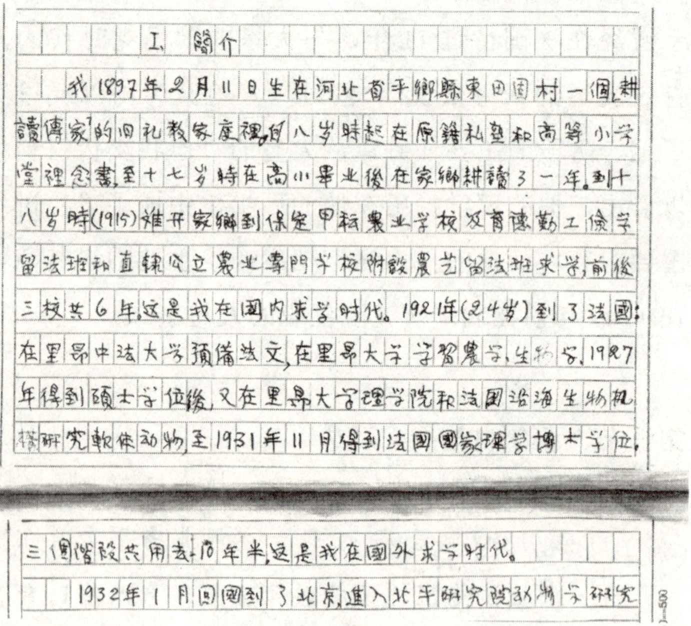
I. 簡介

我1897年2月11日生在河北省平鄉縣東田固村一個"耕讀傳家"的回礼教家庭裡。自八岁時起在原籍私塾和高等小学堂裡念書，至十七岁時在高小畢业後在家鄉耕讀了一年。到十八岁時(1915)離开家鄉到保定甲种農业学校及育德勤工儉学留法班和直隸公立農业專門学校附設農艺留法班求学，前後三校共6年。这是我在國内求学时代。1921年(24岁)到了法國：在里昂中法大学預備法文，在里昂大学学習農学、生物学，1927年得到碩士学位後，又在里昂大学理学院和法國沿海生物机構研究軟体动物，至1931年11月得到法國國家理学博士学位，三個階段共用去10年半，这是我在國外求学时代。

1932年1月回國到了北京，進入北平研究院动物学研究

张玺手稿

1932年1月回国到了北京，进入北平研究院动物学研究所做研究和领导工作，一直到1949年北京解放后中国科学院成立，并在大学兼课。1950年科学院调整机构时调来青岛海洋生物研究室工作，至现在。这是我的经历。

总计在国内求学约20年，做研究工作30年，发表研究论文共50余篇，其中在法国杂志上发表了8篇，在美国和加拿大杂志上发表了1篇，其余的均在国内各有关刊物上发表。

以上所述，是我过去的将近60年的生活和工作的简介。

我于1897年2月出生在河北省平乡县东田固村一个耕读传家的旧礼教家庭里，祖父是清朝的武举，曾教过武学，吸鸦片，53岁就去世，当时我才几岁，刚记得他病时的情况。我父兄弟二人，叔叔考秀才未中，在家务农，父亲中了武秀才之后亦在家务农。家有地150—200亩，雇有一名或二名长工，忙时雇短工。我母亲生我兄弟四人一姐一妹，兄弟三人和姐妹均在30—40岁间夭亡，我母在48岁时去世。

二弟瑞，仅上过私塾，在家务农。我在国外期间，他在本村附近一个村镇上同姑丈等作粮店生意，不久吸上“白面”，后来在镇上作过精神官。1933年病故，无子女。

三弟珍，只上过小学，为人忠厚，能吃苦耐劳，在家务农，至抗战初期病故，有二子，现在原籍参加农业生产合作社。

四弟瑸，由我供给在北京上中学和中法大学生物系，接受新思想较早，曾患过肺病。“七七”事变回原籍侍父病。1938年初参加革命工作，同年加入中国共产党。曾任平乡县战委会组织部部长，第二专区文救会主席兼专区农会宣传部部长。不幸在1942年任巨鹿县县长时被伪军捕去。仍与党有联系，后被迫到平乡县“新民会”里做伪事，曾得到当时平乡县委书记孙光瑞批准在敌人内部为党工作，经常给县委报告和敌人斗争的情况，终因势孤吃力，旧病（肺病）复发而亡。（根据他的一位战友现在中共河南省委书记处马任平同志给我的信说。）遗有二子一女，现在原籍，长子参加农业生产合作社，次子和女儿上小学。

继母杜氏生有一弟（名琇）二妹，二妹均已出嫁，琇弟初中毕业，现在原籍任小学教员。有子女六、七个。

继母在平乡原籍居住，是一个家庭妇女，由琇弟和侄儿们供给食用。我仅在年节时汇给继母和琇弟侄儿们一些款。

我自1921年就离开原籍平乡，迄今已有30余年，仅在抗战前回国后和看父病时回过两次家。抗战前我每月收入400余元，每月均汇往家中百十元以供养父亲（患半身不遂病数年）和家中费用并还欠债。1938年父病故后，我们兄弟们分居，当时我在昆明，家中来信说分给了我们全家四口（妻和二子）20多亩地和闲院草房数间。我去信说不要，让兄弟们耕耘使用。家中财产与我无关。

解放后琇弟来信说政府给我名下房地若干，我去信说不要，但弟侄等收下耕耘住用。后来政府认为不合理又收回去了。

以上所述，是我的家庭出身和我与老家的关系。

我现在的家庭成员如下：

郭月梅，爱人，现年62岁，家庭妇女，无文化，爱劳动，在北京家中培养长孙昆生上小学，拥护政府政策，参加街道各种政治活动。自抗战以后家中未雇过人，做饭拆洗等工作均由她一个人做。肯劳动，抗战时期在昆明乡间居住，四季种菜，足够家中食用，有余。现在北京庭院中仍栽种着各种各样的东西。

张振东，长子，1915年生，云南大学医学院毕业，现任保定河北医学院病理学副教授，两年前申请入党，今年三月被批准为候补党员。

张振西，次子，1918年生，云南大学工学院毕业，曾去法国实习二年，解放后回国，现任天津大学水能利用学副教授。民主同盟盟员，今年春假已申请入党，学校初步决定选派去苏联进修一年，现在正准备俄文。

杨彩琪，长子媳，1921年生，初中程度，在家教养子女兼任学校家属委员会副主任。

刘育兰，次子媳，1919年生，天津护产学校毕业，现任天津公安医院护士。

张昆生，长孙，1945年生，北京市后广平库小学学生，少先队员。

张仲生，次孙，1947年生，保定北关小学学生，少先队员，兼中队长。

张元春，长孙女，1948年生，天津大学小学学生。

张继春，次孙女，1949年生，保定河北医学院宿舍。

张纪生，三孙，1953年生，天津大学幼儿园。

张建生，四孙，保定河北医学院宿舍。

张小蕙，三孙女，1955年生，天津大学宿舍。

求学和服务时代

1. 求学时代

(1) 私塾和高小

少年时在家乡私塾读了几年五经四书，在学中读死书，死读书，受的是一种封建的思想教育。14岁时（1911）考入平乡县城内高等小学，在校三年颇知用功，毕业成绩尚佳。高小毕业后，以家中经济困难无力供给我上中学，只得在家耕读，农忙时种地，秋收后自学，但是升学的志愿并未打消。1915年夏去邢台投考第四师范（公费）未被录取，适保定直隶公立农业专门学校附设甲种农业学校在邢台招生，以此校不但费用少而且有奖学金，乃决定报名投考，幸被录取。

(2) 保定甲种农业学校（1915年8月—1919年6月）

在校四载，为了奖学金颇为努力，每学期都得到免费生，解决了经济上的困难。在此时期正值日本帝国主义要独占中国和俄国伟大的十月革命运动获得胜利之际，促进了1919年反帝反封建“五四”

爱国运动的爆发，当时我和许多的爱国同学如陈鸣岐（即生物地学部副主任陈凤桐）等均参加了学生运动。初步地意识到非“科学与民主”不能救祖国，激起了我要以勤工俭学的道路到法国去学习科学、好把祖国建设起来的态度。

(3) 勤工俭学留法班（1919年9月—1921年7月）

1919年夏在甲种农校毕业后考入保定育德勤工俭学留法班。在班内以学习铁木工、法文和机械学为主。教机械学的是现在任清华大学副校长刘仙洲先生，他热心提倡勤工俭学教育，当时天津河北工学院请他任比留法班工资多名位高的教授他坚辞不就。使我们青年大为感动。1920年夏毕业恰遇家乡大旱，父叔二股业已分产，家中经济更为困难，无法筹措赴法旅费，找工作亦找不到，正在无路可走之时，母校直隶公立农业专门学校亦成立了农艺留法班，一年毕业，并规定考试名列甲等前五名者每月津贴50元保送出国。因此又在母校农艺留法班学习一年。在此一年过的是借债典当生活。1921年夏毕业时列为津贴生并保送法国里昂中法大学。因家中亲友和母校老师（王炳文先生，现任北京农业科学研究所园艺系主任）的帮助，勉强凑出路费，才得到了法国，同船的有同班同学周发岐、杨堃等。

（4）法国里昂中法大学和里昂大学（1921 年 9 月—1931 年 11 月）

我们出国时有 150 余人，其中有自费生、半公费生、公费生。由国民党反动派“元老”吴稚晖率领于 1921 年 8 月 13 日由上海乘法国邮船四等舱西渡，至 9 月 25 日到马赛登陆。由上海到马赛中途经过许多英、法殖民地，回想到祖国不强被人割据不能翻身之耻。

由马赛到了里昂中法大学，正遇着国内军阀代理人驻法公使陈箓与法帝国主义者勾结把一部分进步的勤工俭学学生（他们认为是“危险分子”）强迫送回祖国的时候，我对这些同学表十二分同情，因为我们同行的人中有一部分不是里昂中法大学当局批准的公费生，要我们交饭费，否则亦有强迫送回祖国或被赶出校外的可能。

所谓里昂中法大学实在的是一个学生公寓，在里边食住预备法文，然后再进入里昂大学各院校。中法大学代交一切费用。当时的中法大学校长是吴稚晖，副校长是大汉奸褚民谊，秘书是汪逆走狗曾仲鸣。我们一部分人（21 人如周发岐、夏康农等，他们称我们为欠债者）为了争公费生待遇，曾和他们作过激烈的斗争。我得到公费待遇以后，又有国内保定农校的津贴，一直在法国过了10年半（周发岐、王炳文可作证明）。

1921—1922年在中法大学预备法文，曾听过法国共产党员嘉香的公开演讲，当时对共产党并没有正确的认识，只不过是一种好奇心而已。因为自己想以“科学救国”而不想搞政治。

1922—1927年进入里昂大学求学。为了应付保定农校的津贴不得不先学习农业课程（如应用动物学、农业地质化学、农业植物学等），后来又学普通动物学、植物学和比较生理学至1927年得到硕士学位。

1927—1931年在里昂大学理学院动物研究室作研究工作，以软体动物后鳃类为题，到法国数个海滨生物研究站作试验。1931年11月得到法国国家理学博士学位。

在法国求学期间，曾和留欧同学组织过中国生物科学学会（林镕、朱洗、贝时璋、周太玄等）和新中国农学会（林镕、齐雅堂等）。在预备博士论文期间（1929年）曾出席过在西班牙举行的国际海洋水力会议。在这个大会上曾宣读一篇研究论文，并到南非洲参观一趟。

1931年由于周发岐（他先回国在北平研究院和

中法大学工作）的介绍，北平研究院邀我回国到动物学研究所工作。正在印刷博士论文之际，日帝侵我东北“九·一八”事变消息传来，心中甚为愤恨，曾和一些爱国的同学组织过宣传大会向法国科学家和同情我们的学生宣传日本帝国主义吞并中国及全世界的阴谋。12月回国，一到上海看见反动政府毫无准备抵抗日本之意大失所望。

2. 服务时代

1932年1月到了北京，进入北平研究院动物学研究所做研究和领导工作一直到1949年北京解放。北平研究院是留法派的大本营，主要负责人均系留法同学，经费很少，人员不多，工作不易展开，全院人员最多时仅百余人。而动物所从未到过20人。

1932—1937年间在北京，一方面在北研动物所任研究员，同时也在大学兼授动物学和海洋生物学课(如北京农学院、山东大学、中法大学、中国大学)。

我曾到过厦门、烟台、威海、青岛等沿岸采集调查，当时最感痛心的就是沿海重要地区均为外人占据。我也曾代表北平研究院和伪青岛市政府沈鸿烈榷商组织了一个胶州湾海产动物采集团，由伪港务局派汽船和水族馆人员参加，二年共作了四期采集调查，我领队三次（张凤瀛领队一次），每次伪市长沈鸿烈招待北研工作人员一次，最末一次还照过一个合影。在北京曾同杨钟健、裴文中、张春霖等在《世界日报》上创刊过《自然》副刊，当时的思想情况只是“为研究而研究，为科学而科学”，虽然也想过联系实际，但是在旧社会里是不可能的。对国事虽然亦关心，如对“一二·九”的学生游行很表同情，对冀察政务委员会的亲日和特务宪兵13团迫害学生亦极痛恨，但自己并无反抗他们的行动，主要原因是怕对自己不利，没有斗争性。

1937年“七七”事变，抗日军兴，由于蒋政权的消极抗战，华北各地相继沦陷，北京被日寇占领，当时日法尚未冲突，我在中法大学暂时教书和动物所同事把重要图书一起运到中法大学整理装箱，由海运经越南至昆明。由北京到天津下车搭船，日寇宪兵和汉奸大事搜查、欺压凌辱，由海防登陆过越南时，法帝国主义者对我们的搜查欺压亦不亚于日寇和汉奸。

到了昆明以后，物资缺乏，人力短少，工作进行甚为困难。为了研究湖沼动物方便起见与云南建设厅合组一个水产试验所在昆明湖西岸与北研动物所在一块，由我兼任所长名义。进行云南湖泊动物的研究，同时在中法大学和云南大学兼课。动物研究所陆所长病故以后，1940年起动物所由我负责，同时中法大学附中校长宋甄甫因婚姻纠纷不得已离开昆明，我以中法大学兼任教授名义代理了他半年校长职务。

为了保持所得工资不随通货膨胀化为乌有，曾同李枢（云南大学教授）在昆明买过二亩多地，同周法岐（当时中法大学理学院院长）托北研同事刘为涛在四川（刘的家乡古宋县）买过两丘地，并和刘为涛由黄明伦（堂弟之谦的同学）买过一次货物缝纫针。这些行为虽然由于当时社会环境所迫，但都是地主富农和资产阶级的表现。

八年（抗战）使我最感兴奋的就是德意惨败、苏联出兵打败日寇关东军，致使日本无条件投降和毛主席亲身飞到重庆协商国事，这种为国为民的伟大精神，使每一个爱国人都受到感动。使我最痛恨的就是反动政府的贪污腐化不抗战而镇压进步人士，特务横行在光天化日之下打死闻一多教授，使文教界更加痛恨。

1946年9月随北研返回北京。日本投降，重返旧地，感到无限兴奋。但因国民党反动政府在美帝协助下想控制全国，勾结敌伪军破坏“停战协定”，向解放区进攻，挑起内战。研究工作不能展开，只是整理在云南搜集的研究资料。

初返回北京时整理旧存动物标本，据所中旧工人说，鱼类标本一部分流散在东城椿树胡同“世界社”里，当时张春霖（现在动物室）和武兆发（现在北京师大生物系，当时他在该社“先进生物室”）均在该社工作。张、武均系旧识因而去访，并参观该社的研究室，因而结识了该社负责人唐嗣尧。该社曾发印刊物一种《世界科学》，内容完全是自然科学，看不出有何政治色彩。因张春霖的关系，唐嗣尧曾发给我一张《世界科学》的特邀编辑聘书，后来听人说唐嗣尧是国民党特务，他办“世界社”出版《世界科学》作掩护伪装进步。他请我吃过饭，并在一个年会（？）上合过影，但始终未给他写过文稿，以后就断绝往来。

1948年底，北京在人民解放军团团包围和人民要求和平解放的压迫下，终于在1949年2月解放了。北研在高教会领导下进行工作，动物学研究所仍由我负责，一直到中国科学院成立所属各单位调整，1950年10月调来青岛本室工作至今。

学历和经历表

社会关系

尹赞勋　男，54岁，解放前在地质调查所工作，解放后曾任北京地质学院副院长，现任中国科学院生物地学部副主任、九三学社中央委员、北京市人民代表，与我系同乡同学（小学、里昂大学），常往来。

王炳文　男，70岁，解放前在河北农学院、河北农业试验场工作，现任华北农业科学研究所园艺系主任。河北省人民委员会委员。自1915年在保定甲种农业学校和留法班均听过他的课，我1921年出国时有困难，他曾以经济帮助和精神上鼓励我出国。迄今往来未断。

刘仙洲　男，66岁，解放前任清华大学教授，现任该校副校长，系我1919年在保定育德勤工俭学留法班的老师。热心学术，往来迄今未断。常鼓励我多作学术研究。

周发岐　男，54岁，解放前在中法大学任职，北平研究院化学研究所任所长，现任北京工业学院研究部主任。在昆明任中法大学理学院院长时，他曾参加过国民党，但未听说他有任何活动。要求进步，已申请参加中国共产党。保定农艺留法班同班同学，法国里昂中法大学、里昂大学同学，北研、中法大学同事。他比我回国早，在我未回国以前他曾把我的胞弟璸和长子振东叫到北京上中学，代我培养他俩。常往来。

刘为涛　男，54岁，解放前、后，均在四川大学任教。1919年同船去法国，在里昂大学同学，在北平研究院和中法大学同事。要求进步，数年前即争取入党。在昆明时为了保持所得工资价值我和周发岐曾托他共同在四川古宋县（刘的家乡）买过两丘地。解放后不大往来。

杨堃　男，54岁，解放前后均在昆明云南大学任教。政治情况不了解。1919年保定农艺留法班同班同学，法国同学。回国后不常往来。

齐雅堂　男，54岁，解放前在北京中法大学任教授兼生物系主任。现任广州农业部热带植物研究所形态室主任。保定农校同学、法国同学，中法大学同事，不断往来。

夏康农　男，53岁，曾任中法大学生物系主任。现任北京中央民族学院副院长。民主人士。1921年同船去法国，里昂大学同学，北京中法大学同事。

汪德耀　男，53岁，解放前任厦门大学校长，现任该校生物系主任。1921年同船去法国，在法国同学。1932年回国，曾在北京农学院生物系任教授，在北研动物所兼任研究员一年。1932年冬我曾代他在农院生物系授动物学课半年。

徐廷瑚　男，70岁（？），解放前曾任过伪实业部司长、北平研究院秘书长，后来去台湾化学肥料公司任经理，国民党党员。保定农校师生关系，北平研究院同事。他去台湾后即失联系。

刘厚　男，65岁（？），抗战前曾任南京伪实业部技正，解放前任天津伪华北垦业农场场长，与国民党头子吴稚晖、李石曾接近，解放前逃往台湾。1929年在法国里昂大学同学，同时他兼里昂中法大学秘书。解放后失去联系。

陈凤桐　男，63岁（？），解放前在解放区工作，解放后任华北农业科学研究所所长兼中国科学院生物地学部副主任。“五四”运动时在保定甲种农业学校同学，共同搞过学生运动。1949年2月北京解放他首先代接管北研动物学研究所，后来曾谈过几次话，对我的思想认识和工作上有很大帮助。

范秉哲　男，52岁，解放前任云南大学医学院院长，昆明解放前携眷去法国巴黎。他在昆明是一个名医，与云南伪当局相识甚多。法国里昂同学，云大同事，解放后无联系。

赵明德　解放前任云南大学附属医院院长，昆明解放前去越南西贡作大夫。云大同事，次子振西的连襟。解放后无联系。

李枢　男，52岁，解放前和现在均在云南大学医学院教书和医院作大夫，从前不问政治，现在不了解，法国同学。1939年在昆明时曾和他共同在西山根下买过二亩半地盖草房数间，1946年离开昆明前即卖去。

林镕　男，55岁，解放前和解放后均在北研植物所，现任科学院植物所副所长，盟员，留法同学，北研、中法同事。

刘琪谔　男，58岁，解放前任北研植物所所长，现任中国科学院森林土壤研究所所长，留法同学、北平研究院同事。

张春霖　男，59岁，解放前在伪北京大学和“世界社”工作，后来在师范大学教书。解放后任师大生物系主任，现任中国科学院动物研究室研究员。我和他在法国相识，抗战前他在静生生物调查所工作时有往来，抗战期间无联系。胜利后至现在时常往来。

顾光中　男，52岁，解放前在中法大学、贵州大学任教，现任贵州师范学院副院长，民盟盟员，今年春天已被批准入党。自1932年至1940年和我一齐在北研动物所做研究工作。后来又在中法大学同事，在那时他曾经常对我宣传解放区或延安的广播消息，对我的思想上有一些好的影响。

李石曾　解放前任北平研究院伪院长，现住国外，国民党反动派的“元老”。他任北研伪院长将近廿年，我和他见面不过数次，在他的60寿辰论文集中，我曾作过一篇《中国海产动物研究之进展》。解放后无联系。

李书华　解放前任北平研究院伪副院长。全国解放后逃往外国。国民党反动派中央委员（？），1921年在法国里昂中法大学见过。自1932年到北平研究院至解放前一个时期内，在业务工作上经常联系。1950年春他由巴黎来过一信，说想回国来教书，我曾把他要回国的意思转告陶（孟和）副院长。并回信劝他早些回国来为人民服务。以后再无音信。

庄子毅　男，62岁，解放前任昆明中法中学校长，现任山东泰安中学教员。国民党党员。抗战前他任烟台芝罘中学校长，我由北京到烟台采集动物标本时，常住芝罘中学，因而与他相识。抗战时昆明中法中学校长缺人，他那时在成都一个中学教书，我向中法大学董事李书华介绍他当校长。

朱弘复　男，47岁，解放前在北研动物所任研究员，现任中国科学院昆虫研究所副所长，九三学社社员。他系刘仙洲先生的女婿，因而相识，我向院中介绍他来动物所工作的。

沈嘉瑞　男，52岁，解放前在北研动物所任研究员，现任中国科学院动物研究室研究员，民盟盟员。由我向北研介绍来动物所的。

李万新　女，43岁，抗战前在上海教中学，抗战期间去延安。现任林业部基建局副局长，中共党员、九三学社社员。1932年北农生物系师生关系。当学生时思想进步，曾被反动派逮捕过。她处境困难，我对她求学和找工作上均有些帮助和鼓励。解放后曾会见数次，对我思想转变帮助很大。

尹儴余　胞妹丈，42岁，抗战期间参加革命工作，在朝鲜参加过抗美援朝工作，现在河南公路局工作。解放后曾有信联系，他的女儿曾来北京看过我，并住了一个时期。

张之谦　男，42岁，是我的一个堂弟，解放前在贵州遵义、贵筑做过伪警察局长及江西伪鄱阳税务局副局长。解放后留用为税务员。1950年秋调浮梁税务局工作。1951年春他的爱人周隽珍来信说之谦以历史不清楚被公安处捕去。现在内蒙农场受劳动改造。他的家中经济困难，当他在南京伪警官学校求学时我曾供给过他一些零用的钱。他被捕后，我曾写信给他爱人转告他好好交代问题。他的爱人在江西卫生所工作，1953年夏来信说，因四个小孩均病向我借钱，我汇给她20万，以后又要过5万。之谦由内蒙来过信，我也未复过他。

黄明伦　男，伪警校毕业，抗战时期在昆明任第二区伪警察局长，与北平研究院宿舍很近，因堂弟之谦的介绍相识。1939年他曾向我说现在有人去沪购做活的针，你若有存钱我可以让他们替你捎带一些来。我和同宿舍的刘为涛同事每人给他500元。后来他说越南物资被扣，不能运来了。我1946年离开昆明即无联系。

张光浩　男，34岁，系青年知识分子，解放前找不到工作在北京一个磨面庄（余庆源）上为人写账，为了支持这个米面庄和稳定个人的位置，曾由他的亲戚马绣同介绍，要我加入了约合人民币50元的资金。解放后他考入税务学校，现任上海市蓬莱区税务分局人事科副科长，中共党员。

瓦内（Vaney）法国里昂大学动物系主任，师生关系。曾指导我博士论文，解放后未通信，听说现在已退休。

钩洛里（Caullery）巴黎大学教授，法国科学院院士，在法国时相识，曾由他向法国科学院及其他生物杂志上介绍论文。解放后无联系。

马场菊太郎　日本东京文理科大学动物系教授，有名的软体动物后鳃类专家。抗战前常通信交换刊物及标本，以后失去联系。

参加过的学术团体和党派组织

我在解放前只参加过学术团体，未参加过任何反动组织。解放后参加了民主党派九三学社。

法国动物学会：1928年里昂大学动物学讲师白劳斯先生介绍。

中国生物科学学会：1924年同留欧同学朱洗、周太玄等在法国时组织的，抗战后无形取消。

新中国农学会：1924年同留法同学林镕等共同组织的，抗战后无形取消。

中国动物学会：1934年参加的，曾任过该会理事长及总编辑。

中国科学工作者协会：1948年在北京由周岐发介绍填表参加。

中国海洋湖沼学会（1950年1月北京）：曾任北京和青岛分会理事长。现任总会理事长。

青岛科联：曾任秘书长（1951—1955），现任副主任委员。

九三学社：由严济慈、朱弘复介绍1951年10月填写入社申请书，1952年5月被批准为社员。1953年1月总社委我在青岛市委统战部领导下发展组织。吸收12人，6月成立直属小组，任副组长兼组织委员。1954年成立筹委会任副主任委员，1955年成立分社，仍任副主委。1956年3月全国社员代表大会当选为中央委员。

思想转变过程

在解放以前，因为有些自己相信的人参加了革命，并且有的同事常对我说共产党好，我认为共产党是一切政党中最进步的，但是到底怎样进步，我并不知道。解放以后，进行了时事学习和一些政治理论学习，同时我亲眼看到人民解放军纪律严明英勇善战一举渡江南下，在一个极短的时期内，把蒋匪帮残余赶出了大陆。此后不久又在政治经济和文化各方面都取得了伟大的成就，人民生活逐渐改进。通过这些理论学习和许多活生生的事实的教育，使我对党有了一个初步的正确认识。

通过有关抗美援朝的文件学习和人民志愿军击溃美帝的辉煌战果，证明了过去认为中国需要依赖美国才能搞好，完全是一种亲美崇美恐美的错误思想。

1951年学习有关土改的文件并在青岛附近村镇参观了审判地主恶霸大会，看到农民对地主的愤恨控诉，使我们体会到恶霸地主在反动政府统治下如何残忍的剥削农民。

通过1951年夏季中国共产党的三十年的党史学习，使我了解到这卅年是光荣的、伟大的卅年。这是中国共产党、中国工人阶级和中国人民在毛主席英明领导下，向帝国主义侵略者及其走狗的英勇奋斗，经过许多艰难曲折，克服自己队伍中的各种机会主义倾向和各种错误，终于战胜了敌人而取得胜利的卅年，这个伟大的胜利鼓舞了全世界劳动人民向帝国主义作斗争的勇气和胜利的信心。

1951年冬结合镇压反革命的学习，我们进行了忠诚老实的检查，我认识到每一个国家干部都应当向政府和组织上忠诚坦白交代一切，分清敌我，站稳立场，使我对组织上更接近了一步。

在“三反”开始的时期，我曾耐心的检查了自己的一切，自以为一生作研究工作，是一个品质清高、思想进步的学者。后来经过党的启发和同志们的帮助，使我认识到自己的资产阶级的腐朽思想。通过“思改”批判了资产阶级思想危害的严重性，认识到工人阶级的大公无私，初步学会了使用批评与自我批评的武器。但同时亦产生了一种自卑感的副作用，直到最近才渐渐克服过来。

“三反”、“思改”之后，深深的体会到：政治水平若不能提高，业务工作就不能搞好，学术不能脱离政治。1952年参加了九三学社，在总社和市委统战部的领导下，开始过组织生活，继续进行思想改造，加强岗位工作。通过一系列的政治理论学习和党的总路线总任务的学习，使我了解到社会主义社会的美好前途和自己应该努力的方向，对自己的工作加强了信心。当时曾考虑过是否可以申请入党，但是觉得自己政治水平太低，年纪又大，没有条件。

通过1954年的普及，宪法草案初稿的讨论和修改，以及最近《1956年到1957年全国农业发展纲要》的草案学习，我亲眼看到经过各阶层认识反复讨论修改，最后才决定公布，使我更感到民主集中制的优越性，自“五四”运动以来几十年来梦寐以求而在旧中国决不可能实现的自由民主得到实现了。

1956年1月我参加了中国人民政治协商会议第二届全国委员会第二次全体会议，听到了周总理的政治报告和郭沫若院长的《在社会主义革命高潮中知识分子的使命》的报告，在大会期间的晚会上毛主席和中共中央负责人和每一人亲切地握手会谈。这些报告和会谈给了我很大的启发和鼓舞。

在党的全国性的会议上毛主席号召党内外知识分子要更加团结一致，为迅速赶上世界科学先进水平而奋斗，今春就在国务院领导下组织了全国科学家搞出了12年的远景规划。为了社会主义建设，党和政府这样的重视科学和团结知识分子，在中国是史无前例的。我深深地感觉到中国共产党真正是先进科学家的光荣归宿。

回忆我在北平研究院动物研究所将近20年，全所人员最多时期亦没有到过20个人，经费少的更是可怜。现在拿海洋生物研究室作一个对比，在短短的5年间由30人增加到120余人，已超过北研动物所的人员6—7倍，经费每年用不完，现在科学规划，只要有需要和可能，经费没有限制的，这是我在解放以前旧社会里梦想不到的。

我细心地检查了自己的优缺点，同时也征求了一部分同志对我的意见，作出了以下的鉴定：

优点：

1 工作踏实，不急躁，不冒进。

2 对人诚恳直爽，对于部关心。

3 要求进步，能虚心接受群众意见。

缺点：

1 工作有时比较保守，计划性较差。

2 对年青干部督促不够，不够全面。

3 缺少政治锻炼，斗争性不够强。

自从学习了周总理的《关于知识分子问题的报告》之后，我深切的感到必须加速改进自己，为响应党的"向科学进军"的号召而加倍努力，尤其是民主党派的知识分子在社会主义革命和建设中，走路慢的，走曲路的，就要落后于群众。周总理报告中指出知识分子进行思想改造的三条途径，正是知识分子向共产党员转变的三条基本途径。自从看到了去年11月《青岛日报》登载的我三十五年前的老师刘仙洲先生在65岁的高龄还光荣的参加了中国共产党，我从前认为年纪大不能入党的错误看法已被打破。我热诚地愿意接受中国共产党的纲领和党章，在党的直接督促教育之下，克服自己的缺点，提高政治觉悟和思想水平，在发展祖国科学的伟大事业以及社会主义建设各项工作中贯彻党的政策，贡献出一切力量，争取做一个光荣的共产党员，向着共产主义的光明大道前进。

1956年7月15日

在经历了知识分子思想改造等运动后，张玺向党组织提交了入党申请书，这份《自传》应当是入党申请书的正式书面文本。

这也是张玺在20世纪50年代对自己剖析最详细的一次。

第二节　张玺鉴定材料

在“反右”运动中，张玺再一次经受住了“考验”，这从1957年9月组织上给他的“鉴定”中可以看出来：

姓名：张玺，字：尔玉。

性别：男。

出生年月：一八九七年二月生。

民族：汉族。

籍贯：河北省平乡县人。

家庭出身：富农。

本人成分：职员。

何时参加何民主党派：一九五二年参加九三学

社，现任九三学社中央委员，青岛分社副主委。

文化程度：理学博士。

现任职务：中国科学院海洋生物研究所副所长、省政协常委、市人民代表、中国湖沼学会总会理事长、科联青岛分会副主委。

社会经历：一九一五年至一九一九年在保定甲种农业学校求学。一九二〇年九月至一九二一年七月在保定直隶公立农业学校专门留法班学习。一九二一年九月至一九二二年十月在法国里昂中法大学学习。一九二二年十一月至一九二七年七月在法国里昂大学理学院研究。一九二七年十一月至一九三一年十一月在里昂大学动物研究室工作。一九三二年一月至一九四九年十一月在北平研究院动物学研究所任研究员兼所长。一九三三年十月至一九三九年十月在中法大学兼任教授。一九三九年十月至一九四六年七月兼任云南大学教授。一九四六年十月至一九四七年七月兼任北京大学动物系讲师。一九四九年十一月至一九五〇年七月为中国科学院北京动物研究所负责人。一九五〇年八月任中国科学院海洋生物研究室副主任。一九五七年九月任中国科学院海洋生物研究所副所长至今。

家庭情况：

爱人：郭月梅，现理家。

长子：张振东，现在保定市河北医学院任副教授，中共党员。

次子：张振西，在天津大学水利系任副教授，盟员。

家庭生活均以工资收入来维持，在生活上较富裕。

主要社会关系

李书华，伪北京研究院副院长，国民党中央委员，与张玺长期在业务上有联系，解放前逃往国外，一九五〇年春曾由巴黎来信，表示要回国教书，张曾回信劝他早日回国，后无音信。

张之谦，系张玺堂弟，解放前做过警察局和税务局副局长，解放后被捕劳改，一九五三年张之谦的爱人向张玺来信求助，张曾帮助她人民币二十五元。

齐雅堂，现任广州林业部热带植物研究所形态室主任。同事关系。

解放前后的政治态度：

解放前：一九二一年至一九三一年在法国留学时，曾接触过共产党，因为想以科学救国，对政治不感兴趣，并没有正确的认识。一九三一年

"九·一八"事变时，该在法国极为愤恨，和一些爱国同学组织过宣传大会（仅自己交代，尚未查证）。一九三二年回国在上海任教，做研究工作，曾对进步学生李万新（当时被反动政府逮捕过）在学习和找工作上进行过帮助和鼓励（已证实）。"一二·九"学生运动时，他表示同情，愤恨反动政府的迫害，但无实际行动。抗战期间赴昆明作研究和教学工作。

日降后，任北京研究院动物研究所所长时，对当时北京研究院院长、国民党特务头子李石曾、李书华极力拥护，并在李石曾的六十寿辰论文集中写了一篇科学论文，在论文的序言中，赞扬过李。该在青岛进行生物采集时，曾与匪市长沈鸿烈的关系密切，在一起照过像，并赞扬过沈对采集团的协助。根据查证的材料看：张主要是想巴结当时的国民党要人，维持其研究工作地位，并未发现有政治性的活动。

解放后：初期思想落后，名利思想较严重，当组织决定由北京把他调到青岛工作时，他反对，并组织了数人联名向上级请求留在北京成立分研究所。因未达其目的到青岛后对政府不满。抗美援朝时，有变天思想，曾企图辞职回家。土改、镇反运动时，持中立态度。三反运动及思想改造运动时，态度尚老实，能接受群众的意见，运动中批判了资产阶级的腐朽思想，具体检讨了自己的宗派主义、个人主义的思想。总路线学习时，对资本家的破坏行为表示愤恨。统购统销时，对棉布计划供应表示拥护，但对吃粗粮有些不满。

三大社会主义改造及肃反运动中，表现积极拥护，其政治觉悟有了很大的提高，因此在一九五六年七月写了书面申请，要求党支部接受他入党。

鸣放中表现积极，自始至终坚持正义，有力地批驳反党反社会主义论点。五月八日，由中共青岛市委宣传部召集党外人士座谈时，张说："在海洋生物研究所的党群之间未有墙和沟"，他的讲话并在五月十日的《青岛日报》上发表了。

当海洋生物研究所鸣放开始，在大字报上出现了谩骂党污蔑党的内容时，张即表示非常气愤，当时正当该所邀请党外人士给党提意见帮助党整风，召集了民主党派座谈会，张即首先发言驳斥了大字报骂党是"地下党"、"走狗党"，并说任何人对个别党员有意见，应当对具体人提出正当的意见或批评，绝不能谩骂，这真是岂有此理，我坚决反对……

在六月二十五日下午该所民主党派（民盟和

九三）联合召开的反右派座谈会上，张在会上曾表示储安平所说的“党天下”感到这是不对的，但储提出的十二个副总理没有党外人士，他感到有些对。因为的确没有一个党外人士副总理，在这一点上他曾受到了储的影响。

当陆侃如反党反社会主义言行在各方面揭发以后，张因配合苏联专家去烟台作配合工作，后因要在九三内开展对右派分子陆侃如的斗争时，才去电催他回青，并担任了九三学社青岛分社的整风委员会主任委员。但在他刚回青岛时，由于对九三学社青岛分社主委（青岛市右派首脑，储安平右派集团主要成员）陆侃如所犯错误的性质开始认识不足，因而对领导九三青岛分社的反右斗争表现有些犹豫。经中共青岛市委书记孙汉卿同志找他谈话以后，态度有了很大转变。具体的参加了山东大学所组织的对陆侃如的全校性辩论大会，对陆的右派丑恶面貌有了较深刻的认识，因而态度较前更加积极。而随着斗争的发展，认识的提高，在此期间领导九三整风委员会，以及在山东省、青岛市人代会上向陆侃如开展面对面说理斗争中表现坚决。对斗争的认识和决心也逐步上升，日益高涨。对九三分社整风领导工作中的一些重大问题都能及时向党请示，征求市委统战部的意见，本人也更加向党靠拢。

根据以上情况来看，我们认为张应确定为左派。

工作能力：

该专长于原索动物及软体动物学，特别是对软体动物的后鳃类有研究。在研究方面达三十余年，先后发表了五十余篇论文，对胶州湾、烟台、厦门的海产无脊椎动物和云南省的部分水生生物（淡水）均进行过研究。解放后在党的领导下其研究更加进展，现正进行着海产无脊椎动物分类的分布、船蛆、凿石虫、扇贝、牡蛎等有害贝类和经济贝类的生态、培植研究工作，并获得了一定成就。一九五五年七月份曾著《中国北部海产经济软体动物》，此书出版后反映较好，对今后教学及提供海产经济价值上有些贡献。

代表性：

该在生物学界有三十年的研究历史，资格较老，在研究软体动物方面是我国最早开始系统的一个。在国外时曾组织过中国生物科学学会和新中国农学会，亦出席过在西班牙举行的“国际海洋水力会议”。解放前曾为北京科学院及云南大学做研究工作。解放后在党的领导下发挥了他的专长，对贝类学进行了研究，获得了一定成就，系我国仅有的贝类学专家（即软体动物学）。在全国科学界中有一定的代表性。

有何政治历史问题，结论如何：

目前尚未发现有政治历史问题。

安排使用意见：

该系我国软体动物学专家，有一定的研究能力，并获得成就，为此拟安排为全国政协委员。减去省政协常委职务，保留市人大代表职务。

中共青岛市委统战部（章）

一九五七年九月二十八日

[陆侃如]

该份鉴定在1965的“四清”运动中又被中央宣传部干部处抄用（1965年9月13日）。

第三节　张玺政治排队资料（1959/8/26）

张玺，男，科学界，中国科学院海洋研究所副所长，二级研究员，1952年参加九三学社，现为九三学社中委、青岛分社副主委、中国海洋湖沼学会总会理事长、全国人大代表、省政协副主席、青岛市科技协会副主席。政治态度：原左派，现左派。

该解放后，在抗美援朝运动中有变天思想，土改、镇反持中间态度，“三反”及思想改造，态度尚好，主要是三大社会主义改造中，表现积极拥护，政治觉悟有很大提高。

该在鸣放反右中态度积极，听党的话，能大胆的驳斥反党反社会主义言论，如在座谈会上说“海洋所没有墙和沟”，并能对谩骂党的大字报进行驳斥。反右斗争中，开始在斗争陆侃如时，有些犹豫，经教育后，表现坚决。但在交心运动中表现一般。该曾提出申请入党，对入党问题较关心，自今年参加巴基斯坦国际科学年会回国后，感到组织对他很信任，比过去更靠拢组织。在本所的老科学家中政治上提高较快，该专长于原索动物及软体动物学，从事研究工作达卅余年，著作论文五十余篇，如1955年曾著《中国北部海产经济软体动物》，此书出版后反映较好，对教学及水产工作有所贡献，但该虽为我国国内研究贝类最早的学者，但在科学界的学术地位并不高，业务知识范围较狭窄，所用分类方法较旧，对学习苏联重视不够，活动能力不够强，表现较保守，近二年来工作成绩一般。整风以后，在政治上进步较显著，能靠拢组织，听党的话，故其政治态度仍为左派。

中共中国科学院海洋研究所委员会

1959年8月26日

第四节　张玺检查

张玺副所长在高研组上的检查（记录稿）

我体会四清运动是社会主义革命，这场革命已深入知识分子中，牵扯到政治思想与业务工作中，我认识到这是资产阶级知识分子下决心投入革命中改造自己的大好时机。因此必须与旧的世界观决裂，改造世界观。

首先拿出勇气揭开自己的思想盖子、业务底子，我衷心欢迎同志们批评揭发。近几年来，我怎样对待党的方针、政策和工作态度？走的什么道路？思想生活是否适应社会主义要求？对青年的影响怎样？对自己事实求是有一个正确估计，找出问题所在。在这次运动开展之前，认为在党的教育下，已十多年了，听党的话走社会主义道路已不成问题了。四清开展之后，同志们以大字报揭发了许多问题，使我大吃一惊，与自己过去的估计恰恰相反，大字报揭发的问题，对同志们提出的意见有好多接受不了，认识不到。第一阶段只看到有些不符合实际情况的支流问题。不看主流，本质的，因而睡不着觉，后来到济南、北京听了些报告，有了比较正确的认识。理解到任何一种革命，必须发动群众，要群众们提意见百分之百都正确，那是不现实不切合实际的要求。对待自己的错误不检查这与自我改造没好处。

对所里的问题，自己是业务副所长之一，这是关系到要办社会主义的研究所，还是办资产阶级的研究所，这是两种世界观、两条道路的斗争问题。我们所里旧的习惯势力相当浓厚，我分工南海分所及无脊椎室，贯彻党的方针政策我也负有重要责任，在室内老一套，改进很少，到南海所一年两、三次，没解决什么问题，南海所成为一个没有专家的资产阶级路线的所，这是我的影响，在领导方法上没有贯彻党的领导。民主集中制方面，在无脊椎室内计划是按专家路线提出来的，不能发扬民主，在所务会议上当然也按室的意见，因而，对执行上存在着严重的三脱离，既脱离实际，脱离生产，脱离群众，总之脱离了国家的需要。也就是，把旧的一套，完全搬到新社会来。没有贯彻领导、专家、群众三结合。在室内我抓了两方面工作，一是附着生物，自己不参加实际工作，空头领导；形态实验室，这个室一直方向不明确，我认为形态发展为整个室的，有的人主张形态应为生产服务，我认为结合不上，此问题一直未解决，直到工作队来才解决了。

大跃进时成立了养殖组，本来搞的不坏，又结合生产，但遇到困难就下了马。对扇贝与牡蛎的研究本来可以结合生产，也未很好研究，没有为生产服务。对分所的工作我管生物方面，对珍珠贝的研究中，对珍珠贝的渔场调查与查核问题，就拿海洋的框框去调查，费了一两个月的时间，只拿到一两个珍珠贝。当时不了解什么道理，这次在北京开会才了解调查的地方不一定有珍珠贝，有的地方未去调查。对查核问题，在湛江搞，湛江地方认为不宜产珍珠贝，要我们到实验场，结果我们在海军码头附近搞了，但养出来很少。珍珠养殖工作没有搞样板田。

我个人本身这几年，不亲动手，对青年指手划脚，原来一套落后了，新知识未增加，感到年龄大了，有高血压，社会活动多，以此作借口，这是资产阶级本性，自己不是不能作工作，自己光挂名，挂得南北都有名，真正与青年合作，自己作的很少，自己看看稿子就署名，把自己的名字写在前头，在运动以前未感到这是一种错误，运动以后才知道这是一种剥削，因为剥削是资产阶级本性，所以看不到。

个人认为研究贝类不一定在本所本室。感到动物志的编号到底怎么搞没有谱，因而按外国的框框去搞，想早搞出来。认为动物图谱是普及工作，就赶紧搞，而这个工作在我所是可少搞或不搞的。自己只考虑个人需要，没有远见，没根据室、所的安排。

培养青年接班人问题，自己是个人名利至上，只专不红，还愿有一个名位。因此，对青年可塑性很大，自己有意无意影响他。阶级斗争的特点是和平演变，毛主席也谈过，阶级斗争，特别是意识形态的斗争还是长期的，尖锐的，有时还是激烈的，资产阶级用他自己的世界观改造世界，影响青年。自己不认识到这一点，从各方面影响青年。如谢玉坎，他在分所搞的一套跟我在这相似，说明我在影响他，我带头集体写书写文章，主要是为了个人名利。对喜欢的青年是只要业务好就行，不管他政治如何。如1958年写《贝类学纲要》，出版社要我们出版，我与齐仲彦想赶快搞出来，就与孙自平商量，把楼子康（右派）找来当助手，因而，让他搞了几个月。认为写书稿费可图，都有利。

对原行政干部J……（略）

为了使干部安心工作，他要求的问题就多方帮助他。如：研究生庄启谦，提出调爱人来青岛，我就向党委强调，要把其爱人从辽宁省大连调来，不管她政治、业务如何。还有一人的弟弟绘画，要我把他弟弟介绍给分所工作，我就介绍给邱所长说，用临时工可考虑，这样与党的方针政策相违背的，去年夏天强调子女下乡后，我才认识这一错误。

思想作风与生活方式多吃多占、铺张浪费也是资产阶级表现。例如，器材科JYX把公家的铝锅和电炉直到大字报后才交回了，感到这不仅是浪费电也是特殊化。只顾高级人员烟票交给J分给大家吸了，去年夏天我到医院看病，还坐小汽车。1964年水产部与国家科委去湛江视察珍珠贝，住了羊城宾馆，每天20元，实在太贵了。虽说当时不得已，但的确太浪费了。其他方面在湛江买过虾仁，在青买过花生仁也是违背政府的政策。

认识最困难，实践也不容易，有的事马上可以改，如挂名问题，思想意识改造长期的，自己世界观还是资产阶级一套，因而改造时要下痛心，资产阶级有两面性，自己是被迫改造，旧势力是很不容易打退的，不警惕常常会恢复旧的作风。我应该违背自己的本性。抛弃自己资产阶级世界观是脱胎换骨，不痛下决心是不行的，自己要革命化，劳动化，投入到三大革命运动中去，千条万条党的领导是第一条。千万不要忘记阶级斗争，千万不要忘记自我改造。

1965年4月22日

第五节　张玺的“自我检查稿”（1965年5月12日）

（此件为打印稿）

同志们：

自本所的四清运动开始以后，我外出开会时间占的不少，缺少了很多课，现在补的还不够。在外边开会也受了些教育，因为现在开会也务虚革命化批判资产阶级思想，但是对自己的具体问题联系的很不够，提高的就不多。所以我对这次伟大的社会主义教育运动，体会的还是很肤浅的。今天我向全室同志做一次检查，希望同志们对我进行帮助分析批判。

我想检查一下近几年来（1）怎样对待党的方针政策？以什么样的态度和动机对待党交给我的任务的？在工作中走的到底是社会主义道路还是资本主义道路？这是一方面。其次是在（2）思想作风、生活方式，是否都与社会主义革命的要求一致？（3）对青年一代的影响又是怎样？对自己作一个实事求是的估计，找出问题所在，才会有改造的迫切要求和自觉革命，最后定出努力方向。

在未开展四清运动以前，自以为在党的教育路线培养下已经十年多了，听毛主席的话，跟着党走社会主义道路，也就是“听、跟、走”的问题，基本上解决了，没什么问题了。还是背的一个进步包袱的。但是四清运动展开以后，根据同志们对我提出的大量大字报一看，确实使我大吃一惊，震动很大，与自己以前对自己的估计，恰恰相反，“听、跟、走”的问题并未解决。

同志们写出的大字报水平是很高的。我对大字报提出的问题，限于自己旧习惯的牵制，不是一下子就认识的，第一个阶段只看些支流，不看主流，只注意某些小问题，不看全面，甚至感到有的不完全符合事实，以至夜间睡不好觉。后来经过23条的学习，梁部长又对我谈过话，后来到济南听了省委宣传部张副部长的报告，学习讨论，才逐渐以正确的态度理解大字报的作用，体会大字报对自己的帮助很大，认识到大字报与人为善使人改过的伟大意义。任何一种革命，必然是群众运动。要在四清运动这场两条道路斗争中改造自己，就必须面对群众，闭门思过是改不了的。那种希望群众的意见百分之百的“恰如其分”是不切实际的。革命就是要革掉旧的东西，非社会主义的东西，兴无产阶级思想，灭资产阶级思想。如果自己还是恋恋不舍那些丑恶的东西，那只是自寻烦恼。对自己的改造是绝对不利的。

现在根据以下几方面来做检查——三方面和努力方向：

（一）社会主义研究所还是办资产阶级研究所？这两种思想、两条道路的斗争，也是两种世界观的根本分歧。

资产阶级思想与旧的习惯势力在我所的科学研究队伍中占有相当的位置。我是本所的业务副所长、室主任、研究员并兼南海分所所长职务。在政治上党和人民给我很高荣誉：如全国人大代表，中国海洋湖沼学会理事长，国家科委海洋组、水产组成员等。如何贯彻党的方针政策是负有重要责任的。

在所内工作计划没有贯彻科学研究为社会主义建设、为生产服务、为工农兵服务，而是严重的脱离生产，脱离实际，脱离群众，三脱离的。脱离国家的需要，而是为科学而科学的。完全把旧社会那一套“北平研究院动物所”的研究方向搬到新社会里来了。58年养殖组搞了不久又下马了；牡蛎扇贝也未真正结合生产。

在工作方法上：没有实行党的领导、专家责任制、群众民主，三结合的方法。没把国家需要、党的指示、群众意见放在第一位。没有能站的高，看的远，站在中国看到世界，一切从全所全国科研出发，对室内学术方向也没好好考虑（全室各组——此为钢笔加写）如何发展，而只是从自己专业贝类学方面着眼。（青岛搞区系分类，广州搞生态生理，北京搞淡水陆生——此为钢笔加写）

对所、室没负起应负的责任来。就是开所长办公会和所务会议时也没提出过高明的意见，没有好好考虑自己有那样大的责任。认为上有党委领导，所的业务方向有曾所长向党策划。对室内领导只是主持室务会议听听汇报，很少到各组了解情况解决问题。一切由组长去管理。就是由自己直接去抓的两个试验室：附着物推到黄修明同志身上，形态试验室推到梁羡园同志去管，自己过问很少。形态试验室完全自由化，没按形态方向去搞而是搞分类工作。(柱头虫等) 拿个人的兴趣替代党的方针，也就是挂羊头卖狗肉，表面内部不一致的。去年上半年总结时就提出如何改进，我个人还坚持形态为分类服务的方针。想为中国动物志形态服务，计划67年出版，虽然计划向科室内谈过。钉螺工作与动物所合作也是一种自由化。党委提出才停止。毛主席说："资产阶级、小资产阶级，他们的思想意识是一定要反映出来的。一定要在政治问题和思想问题上，用各种办法顽强地表现他们自己。"所内室内其他同志的资产阶级各种表现，或多或少自己都是有责任的。表现出官僚主义作风。

南海分所在62年以前是中南分院的一个独立的所。组织上派我兼任该所所长怕我不愿接受，裴副院长说，你夏天在青岛，冬天去广东，春秋还可在北京住，不必搬家，希望我对南海所能起些学术方向性的作用。62年合并为本所分所时党委孙所长又让我仍兼所长职务，希望能起一个好的桥梁作用。我兼南海所后每年去两三次不等，邱所长和青年都是非常欢迎我去的，希望我能在所的方向任务方面起些指导作用。现在看起来南海分所基本上按照总所方向去搞的，虽然没有专职的专家，由于我的影响把分所也弄成个无“专家”的资产阶级专家路线，也是三脱离。辜负了党的信任和希望。拿生物室来说，珍珠贝的研究本来是一个联系生产的项目，可是迷信洋框框，把珍珠贝的渔场调查，按照海洋普查的框框硬套，费了许多人力物力在北部湾搞了一两个月之久，结果只采到两枚珍珠贝。珍珠贝插核试验，因依靠谢玉坎为组长，对工作计划没能严格执行，未达到预期的结果。去年春季湛江工作站要珍珠贝组的干部下去劳动一个月，我当时强调总所所长办公会曾决定上船的时间也算劳动，工作站就没让珍珠贝上船的青年去劳动。这是不重视政治的严重表现。也就是把本所的框框硬套在分所。

分所与总所的关系：分所对本所是有些意见的，有些问题是误会，如人员、经费等问题。我既担任桥梁的作用，就应当把这些矛盾正确的处理了它。但在某些问题上没能好好解释说明，把问题推到两边书记身上。

对外单位的关系：如上海、浙江、厦大、广东等有关单位和专家，我在外边开会时都向我分别提出意见说，我所对标本、文献等不愿给用，青年人说我们所的专家多，标本你们留下有何用等。这些问题自己是有责任的。

(二) 资产阶级的思想作风

1. 追求名利

没从广大劳动人民的利益、对社会主义建设有贡献、人人称赞、代代相传的真名出发，而只是追求个人名利。自己是一个研究员，近几年来自己不亲自动手。对自己培养的青年只是指手划脚的指导一下。原来那一套旧的本领，现在不适用了。自己坐不下，不亲自动手，没实践，因而新的知识增进的就很少。自己常原谅自己，年纪大了，社会活动又多，所里开会也不少，白天勉强支持八小时，到晚上就不能搞工作了，又有高血压，左眼底出过血，看显微镜很困难。但是为了追求名利，自己仍以科学界的“权威”、贝类“专家”自居。有些工作借指导某些青年搞科研、写论文为名，让青年出很大劳动力，自己也挂上空名，美其名说是与青年合作的，自己实际工作很少，甚至只是修改稿子，进行一些加工，虽然不是自己把自己的名字列在前面，但自己并没勾在后边，从中剥削他人的劳动果实。有时自己不在所中，文章可就出来了。集体写专著或论文时，也是把我列在第一名，其他人按工龄或等级排列，不管出力多少。在四清运动以前，我根本不认识这是一种剥削。自己反以为“专家”带着青年一块出文章，这也是师傅带徒弟的一种办法，我常对他人宣扬这还是一种好办法，青年并不吃亏。这完全是由于剥削阶级的偏见，经常歪曲社会的历史，如同剥削阶级地主不承认剥削雇工、资本家的厂主不承认剥削工人的说法有何两样呢？但是真正青老合作还是一种很好的工作方法。老专家或者成熟工作者在工作中解决一些关键性问题，时间不一定与青年费的一样多。青年并不要求与他们拿出一样多的时间来。可是自己并没有尽了应尽的责任。有时他人代写，自己出名。例如：在武汉召开的中国海洋湖沼学会学术会议上理事长的发言稿和中国动物学会30周年纪念会《中国软体动物研究三十年来的发展与成就》。

名利思想还表现在其他方面：

(1) 在国内外刊物上或论文的文献上，看见有自己的名字就很高兴。

(2) 社会团体或国家机构的成员，如全国人大代表，海湖理事长，国家科委海洋组、水产组，中国动物志委员会，九三中委等，都是沾沾自喜，内心也是非常高兴。

2. 脱离政治

(1) 用行政干事姜树德而不用岑顺敏同志。岑是一个党员，而姜是一个团员。若以政治为标准的话应该听党的话用岑，但是自己向党提出要用姜树德，强调他是男同志好跑跳，又是本室的老干部，情况熟悉，在肃反运动时组织还派他出去，是一个可靠的干部。所以先征求党委同意留他。自己业务副所长，不好过问。以后向人事科提出要把姜树德留做本室行政干事。有一天人事科朱同志说市委要叫姜树德到崂山县去工作。我驳朱说，市委哪里知道姜树德的名字，还不是你们提出他的。强调把姜留在本室作行政干事。可是姜树德在本室任行政干事期间作了不少坏事。姜走后，我回所才知道他的行为。

(2) 为了使干部安心工作，免除顾虑，庄启谦同志的爱人林惠琼同志不问德才如何，再三要求党委和人事科调来本所。

(3) 我曾向郑重同志提出把陈木同志的爱人调来。

(4) 还有梁羡园同志的弟弟是一个未考上大学的社会青年，去年春受梁的托向南海分所介绍临时绘图工作。在广州选出三种图交邱所长，用临时工时可试他。政治如何由他调查。虽然未成功，但影响青年上山下乡的政策。去年暑期在九三动员成员子女上山下乡时我才体会到这与党的方针政策背道而驰的。

(5) 张福绥同志的内弟（不知他的名字）据说是齐鲁大学脊椎动物研究生，毕业已十余年了，教过生物，现在师范学院教外文，学院领导同意他外调工作。去年春张向我提出介绍南海分所。我以他教书多年了，与分所业务不合适，拒未介绍分所，可是答应他有机会向其他生物系介绍。去夏动物学会30周年遇见傅桐生（东北师大生物系主任）先生向他提了一下，傅问你认识他吗？我说不认识。傅说你不认识不要介绍。

3．责任心不强

无论对本所、本室、分所的学术方向、具体安排，很少用脑子详细考虑，是思想上的懒汉。遇事很少去细心分析，常把事情看的很简单，常孤立的看问题，把事情常推到旁人去办。严重的不负责任，政治没有挂帅。

4．脱离群众，家长式的作风

有权威思想，常摆老资格，学术不民主，自以为是，故步自封，独断专行。(如钉虫、柱头虫等工作) 只喜欢听好话，听旁人说自己进步的话，不耐心听反对自己的话，常打断旁人的话。

在室内只和几位组长商谈问题，依靠他们。很少对广大青年谈学术问题。

在室内学术方面主要依靠学术秘书刘瑞玉同志。贝类组依靠齐钟彦同志，甚至一些零星事情都交给他代办。

对能为自己服务的青年就使用他，不一定都是德才兼备的。这些青年也常利用我的名义为所欲为，例如谢玉坎同志在广东对珍珠贝方面的问题。(以他的意见说成我的意见，压人。)

5．多吃多占，铺张浪费。

周总理在人大报告号召我们坚持实行勤俭建国方针问题时说：实行这个方针，不仅是为了节约人力、物力、财力，而且也是为了开展兴无灭资的斗争。勤俭朴素，艰苦奋斗，是无产阶级的优良作风；铺张浪费，追求享受，是资产阶级的腐败作风。我们发扬无产阶级优良作风，使这种作风形成社会风气，就可以抵制资产阶级思想的侵蚀。这无论对于社会主义革命和社会主义建设，都是十分重要的。

自己最大的浪费是对研究所、研究室在学术方面没有贯彻党的方针政策，如以上所说的三脱离，贝类养殖又下马等，只作些不联系生产的工作。因而人力、物力的浪费是不可估计的。

所、室其他人的浪费不是和自己完全无关，现在只检查自己的。对于我来说，表现在以下几方面：

（1）烟票：自己不吸烟，国家发给的烟票，自己只买过一两条（过春节），其余的都给九三学社的两位同志和本室青年分用了（姜树德管），自己不用，就应该把烟证退给公家，而自己却未如此办，这是不对的。

（2）借用公家电炉和铝锅：61年在市场上买不到，器材科主动的（姜元希同志）给我代借了一个电炉和一个铝锅。为了因开会吃饭晚、热热菜和早晨有时下点挂面吃。后来买到锅时就先退还了。电炉一直使用到大字报揭发批判时才交还公家。电炉虽然不是整年用（冬季、出差不用）但也浪费了不少的电。

（3）困难时期有很长的时期在修养所取饭，但交给油、菜票证很少。（只一两个月）这都是多吃多占例子。

（4）困难时期在湛江分所的同志代买过一次对虾，还代制成虾干；在青岛买过花生米。这对自由市场的泛滥，有一定影响的。这犯了国家制度。

(5) 64年春季同水产部去广东沿海鉴定珍珠贝育珠技术时由湛江回到广州，省水产厅预先代我们定好房间，有12和20元两种，他们把20元的房间让我年纪较大的住。我和张福绥同志就住一夜，第二天有了较廉的房就搬了。这类房间是部长级的，自己住觉着很排场了。

(三) 干部培养

把青年领导到只专不红的资本主义道路上去。对研实使用多培养少。要求不严格，技术不过硬。对研究生只订一下学习计划，提出论文题目，检查不够，关心不够，不辅导。任其自流，注意的只是外文、论文。

宣扬个人名利思想：

1. 对某些研究实习员让他们先写一两篇一般性的水平不高的文章，在生物学通报或一般性刊物上发表，鼓励他们名利双收。

2. 对一些见习员或技术员让他们作些工作，从稿费中津贴他们（编文昌鱼：徐凤山、崔可铎），例如抄贝类图谱文稿的同志。我虽然未直接对他本人说给津贴，但是我确对编写图谱的同志说过，找见习员抄稿，将来抽出一部分稿费给他们。

3. 59年（？）编写《贝类学纲要》时，我向孙所长提出需要一个人协助编写（原稿是山大教课时印出来的讲义），孙所长同意楼子康，当时他虽然劳动改造一个阶段回所，但尚未摘右派帽子。就留下他帮助编写贝类学，不管对他改造有无利益，只要能为自己服务就行。书出版后，都有名利。

其他青年帮助编写也分得一些稿费。

青年可塑性很大，自己的一言一行，都会有意无意的影响青年，况且对青年用以上的行动向青年灌输资产阶级名利思想，鼓励多写不结合生产的论文发表，讲物质刺激，不讲政治挂帅，把青年领向资本主义道路上走，与党争夺下一代。

毛主席说过："在我国无产阶级和资产阶级之间的阶级斗争，各派政治力量之间的阶级斗争，无产阶级和资产阶级之间的意识形态方面的阶级斗争，还是长时期的，曲折的，有时甚至是很激烈的。

"无产阶级要按照自己的世界观改造世界，资产阶级也要按照自己的世界观改造世界。"

这不是向无产阶级争夺下一代吗？

（四）努力方向

从以上各方面情况，可以说明，反映在我身上的阶级斗争是严重的。自己的立场还没得到彻底的改造，工作方法、世界观还是资产阶级的，"听、跟、走”还是没有解决的。认识了这些根本性的问题，必须认真地在社会主义教育运动中接受教育，进行改造。总理在人大三届首次政府工作报告中指出：“资产阶级有两面性，既有被迫接受社会主义改造的可能性，又有强烈要求发展资本主义的反动性。对来自旧社会的知识分子来说（我在法国受资产阶级教育11年，在中国旧社会工作近20年），是要违反我原来阶级本性的。无产阶级世界观和资产阶级世界观是根本对立的，抛弃资产阶级世界观而树立无产阶级世界观，是一种脱胎换骨的改造。不痛下改造的决心，就不可能全心全意地为社会主义服务，不可能在工作中做出对人民更大的贡献。因此必须彻底背叛自己原来的立场和世界观，一定要按总理指出的知识分子改造的两个根本途径实行。按毛主席指示积极投入三大革命运动中去进行彻底改造。在学习主席著作中，特别注意（1）克服资产阶级的个人主义名利思想，（2）在工作上克服三脱离。在培干上克服只专不红的思想。在三结合上（领导、专家、群众）要记住：千条万条，党的领导第一条，千难万难，依靠群众就不难。另外还有两个“千万不要忘记”：

1．千万不要忘记阶级斗争！（提高警惕，克服麻痹思想！）

2. 千万不要忘记自我改造！（活到老，改造到老，老当益壮。）

在这份“检查”后，张玺还写了一份“自我检查”（在档案中是手写稿）——

近几年来的成绩和四清运动的收获

一. 近几年来的成绩和四清运动的收获

我是一个旧知识分子，解放后十余年来，在党的正确的“团结、改造”政策下，在党和同志们不断批评和督促下，经历了多次政治和思想运动，特别是这次四清运动受到了深刻的教育。通过自己的政治实践、社会实践和业务实践，一步步地改造右机的思想，逐渐走上了社会主义的道路。

毛主席在“关于正确处理人民内部矛盾的问题”里说：“我国知识分子的大多数，在过去七年中已经有了显著的进步。他们表示赞成社会主义制度。他们中间有许多人正在用功学习马克思主义，有一部分已经成为共产主义者。”这对我来说，是一个极大的鼓舞，也是一个很大的鞭策。这是党对知识分子的“团结、教育、改造”政策的伟大胜利，也是毛泽东思想的伟大胜利。

1. 最近几年来，我在本所党委的领导下，在出成果出人才方面作出一定的成绩，培养了各级的科技干部。自己社会活动虽多，但仍能抓些时间与某些同志合作，作出了具有一定水平的软体动物研究论文和专门著作。为了扩大祖国贝类科学工作者的队伍，并帮助本院动物研究所培养了一些研究淡水和陆生软体动物的青年。通过几年的调查研究基本上掌握了我国经济软体动物的资源情况，为我国贝类科学研究打下了广泛的基础。这些成就都应归功于党的教导和有关同志的共同努力，也就是领导、专家、青年三结合的结果。

在业务行政方面和其他同志一道协助党委贯彻了党中央的调整、巩固、充实、提高八字方针，把无脊椎动物研究室的一百余人整顿成七十余人，把南海分所 1961 年的三百余人整顿为一百余人，对这一正确的方针，从未怀疑过。对南海分所的工作，我主要是制定和掌握生物研究室的方向任务，进行珍珠贝和附着物方面的干部培养，调查了解珍珠贝养殖场对科学工作者的要求和存在的问题，我曾同有关单位到广东沿海各地珍珠贝养殖区进行调查研究。

在学术团体、民主党派和国外（巴基斯坦、越南、苏联）学术活动各方面，都能按照党的指示完成任务。

2. 在我国连遭三年自然灾害的同时，赫鲁晓夫现在修正主义集团又给我们造成严重的困难，当时思想上有些波动，怕中苏破裂影响社会主义阵营的强大。由于党给我各种机会尽先参加反对现代修正主义的报告会和学习会，通过一系列的学习讨论，使我搞清马列主义与修正主义的根本分歧，用毛泽东思想武装了自己的头脑，在现代修正主义掀起猛烈的风暴面前，能够基本上站得顶得住、经得起考验。

在暂时困难期间，党对知识分子在思想上及时的进行形势教育，在生活上加以各种照顾，我从内心里感激党对知识分子无微不至的关怀，对三面红旗并没发生怀疑，更坚定了信心，紧密地团结在党的周围，在这场严重的考验中又得到了锻炼。最近形势的学习，我进一步认识到美帝国主义的本质，约翰逊就是今天的希特勒，他积极推行独霸世界的反革命全球战略，是世界宪兵，世界反动势力和殖民势力的主要堡垒，当代侵略和战争的主要根源，全世界人民最凶恶的敌人。我们必须毫无保留的援越抗美，因为它侵略越南，就是侵略中国。同时反帝必须反修，因为苏联现代修正主义集团执行的是三假三真和四联四反的反马列主义政策，起了帝国主义和各国反动派所不能起的作用，它企图苏美合作主宰世界。

3．在四清运动中，我主要有以下两点体会：

(1) 对大字报的认识：在未开展四清运动以前，自以为在党的教育培养下已经十六年了，特别是自1956年向党写过入党申请书之后，就以共产党员的标准要求自己，现在虽然差的很远，但听毛主席的话，跟党走社会主义道路，至少应该没有问题了。可四清运动展开以后，据对我提出的大字报来看，“听、跟、专”的问题尚未完全解决，思想有些波动。我对大字报所提的意见，不是一下子就认识到的。起初只看些支流，不看主流，只注意某些小问题，不看全面，甚至感到有的不符合事实，不能接受。后来学习了23条，听了梁部长的讲话和省委宣传部张副部长的报告，并认真地进行了学习和讨论，才逐渐以正确的态度理解大字报的作用，从思想上体会到大字报的作用，从思想上体会到大字报确是本着“知无不言，言无不尽，言者无罪，闻者足戒，有则改之，无则加勉”的精神写出的。任何一种革命，必然是群众运动。要在四清运动这场两条路线的斗争中改造自己，必须面对群众，在短短的时间内，写出大量的大字报。因此若希望群众的意见百分之百的“恰如其分”是不切合实际的。社会主义教育运动是兴无灭资，如果自己还对丑恶的东西恋恋不舍，那只能是自寻烦恼。对自己的改造是绝对不利的。如果没有大字报的揭发和批判，就不可能在短短的时期内把从前积累下来的种种错误和缺点，迅速的加以认识并逐步加以改正。对大字报正确的认识之后，在所内九三小组认真地检查了自己的缺点和错误，在同志们进行帮助的基础上，加以补充整理，最后在全室人员大会上做了一次自我检查，群众比较满意。在九三小组上并积极地帮助别的同志初步运用了“批评和自我批评”的武器。

(2) 对阶级和阶级斗争有了进一步的认识：在党的教育下，通过听报告学习和参观阶级教育展览会，虽然也对阶级和阶级斗争问题有所认识，但是认识不够全面。只认识到敌我矛盾是阶级斗争。人民内部的阶级斗争，只是在工商界和文教艺术界有，对科学研究中的阶级斗争认识不清。通过这次运动，我才从思想上认识到在科学研究单位以至在我们自己身上都有社会主义和资本主义两条道路的斗争。自然科学没有阶级性的，但是自然科学工作者是有阶级烙印的。毛主席说“无产阶级要按照自己的世界观改造世界，资产阶级也要按照自己的世界观改造世界”这个哲理，在四清运动中揭露的许多事例中得到了进一步的证明。资产阶级知识分子在科学研究上的三脱离和干部培养上的只专不红，都足以说明他们是要按照自己的世界观改造世界的。

二. 存在的问题

在主观愿望上我是坚决听毛主席的话，跟着党走社会主义道路的，可是检查过去几年来的工作和思想作风时，在执行和贯彻党的方针政策方面还存在着以下几方面的问题：

1. 在所的研究工作上，我是为科学而科学的，没有很好地贯彻科学研究为社会主义建设服务，而是脱离生产、脱离实际、脱离群众。把旧社会资产阶级那一套科学研究方法硬搬在新社会里来了。1958年本室成立了一个养殖组，养殖过贻贝和幼苗培养，并获得了初步成果，但是由于我重视不够，不久就下马了。

在工作方法上，我没有真正的贯彻党的领导、专家责任制和群众民主相结合。没有能站的高，看的远，站在中国看到世界，一切从全所全国科研出发。对室的学术方向也没有从全室各组如何发展好好考虑，而只从自已的专业着眼，想成为一个永垂不朽的中国贝类学的奠基人。

对室的领导工作，我只是主持室务会议，听听汇报，很少到各组了解青年群众的工作情况。

我兼南海分所后，每年去两三次不等，分所书记和青年都是欢迎我去的。他们希望我能在所的方向和任务方面起些指导作用。现在看起来，南海所的工作，由于我的影响基本上也有三脱离的倾向。拿生物室来说，珍珠贝的研究本来是一个密切联系生产的项目，可是迷信洋框框，把珍珠贝的渔场调查，也按照海洋普查的框框硬套，费了许多人力物力在北部湾搞了一两个月之久，结果只采到两枚珍珠贝。

2．在干部培养方面是只专不红或重专轻红。党要我们按照毛主席提出的五个条件培养又红又专的接班人，可是我呢？没能按毛主席的指示去办，而以重专轻红的指导思想培养干部，认为红是党支部和人事部门的事情，把青年领到只专不红的资本主义道路上去了。

对研究实习员使用多培养少，没有要求他们经常按照三敢三严的精神去做，对研究生只订一下学习计划，提出论文题目，检查不够，不辅导，关心不够，多少任其自流，注意他们的只是外文和论文，而对马列主义的学习则很少过问，认为这是人事部门的事，对某些高级研究实习员则让他们先写一两篇一般性的、不一定联系生产的文章，在《生物学通报》或其它刊物上发表，认为这是培养青年写作由浅入深的起点。但实质上是引导他们走向名利的起点。

最大的错误是我没有贯彻好党的阶级路线，自己依靠的青年不一定都是德才兼备的，依靠的标准是只要能为自己服务就行。

青年的可塑性很大，自己的一言一行，都会有意无意的影响他们，鼓励青年多写不结合生产的论文，灌输资产阶级名利思想，不讲政治挂帅，把青年领向资本主义道路上去。这也就是按照自己的资产阶级世界观培养青年，向无产阶级争夺下一代。

3．我对党的方针政策积极拥护，但遇到具体问题，有时认识不清。检查出来的有以下几个问题：

（1）我对党的调整、巩固、充实、提高的方针是积极拥护的，学习周总理报告有关方针时毫无疑问。但在贯彻时，本所人事部门要本室精减人，口头虽然同意，但在思想上总是感到人数减的太多了，只是从人数上考虑，而忽略了八字方针的全面意义。

(2) 在多次的学习会上我是反对“三和一少”的修正主义观点的，但是当有人提出“支援古巴(大米)恐怕卡斯特罗将来像纳赛尔那样忘恩负义”的看法时，我也同意。就是说本国有自然灾害，粮少，卡斯特罗是否可靠还不知道，应当少支援些，或者不支援，这是一种狭隘的民族利己主义思想，没有站在马列主义立场上看问题。革命胜利了的国家特别是社会主义国家，应当充分发挥国际主义精神，支援一切反对帝国主义的国家。任何一个国家革命战争和反侵略战争，既为本国本民族的利益而战，又都是对其他国家革命斗争的支援，都是对已经胜利了的国家的支援。只要当时卡斯特罗反对全世界最凶恶的敌人美帝国主义，我们就应该支援他，这是社会主义国家义不容辞的责任，援助别人，也就是援助自己。

(3) 在暂时困难时期，对“三自一包”的问题，我在任何场合都是反对的，但仔细检查起来，对自由市场并不那么反对，因为它对自己方便，例如我在青岛曾买过花生米。这对自由市场的泛滥有一定影响。

此外，在世界形势问题上我存在着侥幸麻痹思想，认为美帝国主义在朝鲜战场上是我们的败将，现在我们比以前更强大了，我们有伟大的国家、伟大的人民、伟大的解放军、伟大的党和伟大的领袖毛主席，美帝国主义不敢进攻我国。这是忘记了毛主席指出的“捣乱、失败、再捣乱、再失败、直到灭亡——这就是帝国主义和世界上一切反动派对待人民事业的逻辑，他们决不会违背这个逻辑的。这是一条马克思主义的定律”。

4. 在思想作风上还存在着资产阶级个人名利思想和封建式的家长制。

(1) 追求名利

没从广大劳动人民的利益、对社会主义建设有贡献、人民称赞、代代相传的真名出发，而只是追求个人名利。自己是一个研究员，近几年来未能亲自动手，对自己培养的青年我只是原则地指导一下。原来那一套旧的本领，现在不适用了。自己社会活动多，坐不下，时间少，没实践，因而新的知识增进的就很少。自己常原谅自己年纪大了，社会活动又多，所里会也不少，白天勉强支持八小时，到晚上不能搞工作了。又患高血压，眼底出过血，看显微镜更困难。但为了追求名利，自己仍以科学界的“权威”自居。有一些工作借指导某些青年搞科研写论文为名，让青年出很大劳动力，自己挂空名。美其名说是青老合作。实际自己工作很少，剥削了他人的劳动果实。与青年集体写专著时，也是把我列在第一名，其他人员按工龄和级别排列，不管出力多少。在四清运动以前，我根本不认识这是一种剥削行为。反以为“专家”带着青年一块儿出文章，这也是师傅带徒弟的一种方法。我还常对他人宣扬说这是一种好办法，青年并不吃亏。这完全是剥削阶级的偏见，实质上这与地主不承认剥削雇工、资本家的厂主不承认剥削工人的说法是一致的。但是真正青老合作还是一种很好的工作方法。老专家或者成熟的工作者在工作中解决一些关键性问题，青年多花一些时间作些初步地调查工作，双方互相结合取长补短，对工作还是很有利的，可是我并没有尽到应尽的责任。

(2) 封建式的家长作风

无脊椎动物研究室的组领导，有不少是我的老同事或学生，因此，不知不觉的常以封建式的家长作风对待他们。有权威思想，摆老资格，自以为是，固步自封，不善于团结对自己有意见的人。只喜欢听好话，听人说自己进步的话，不耐心听反对自己的话，甚至常打断旁人的话。这完全违反了毛主席的教导：好话，坏话，正确的话，错误的话，都要听，尤其是对那些反对的话，要耐心听，要让人把自己的话说完。

三．优、缺点

优点：

1．服从党的领导，拥护党的方针政策。参加社会活动工作较多，在历次运动中立场坚定。

2．要求进步，积极参加政治理论和时势政策的学习。在暂时困难时期，拥护三面红旗，经得起考验。在现代修正主义掀起猛烈的风暴时，能基本上站得稳。

3．四清运动态度比较端正，积极参加运动，认真批判检查自己身上的缺点和错误，并积极向一切不利于社会主义的错误思想作斗争。

缺点：

1．在科学研究上是为科学而科学，有三脱离的现象，在培养干部上重专轻红。

2. 在思想作风上，还存在着资产阶级个人名利思想和封建式的家长作风。不善于团结对自己有意见的人。

四. 今后努力的方向

从以上各方面的情况来看，可以说明，反映在我身上的两条道路斗争是严重的。自己的立场还没得到彻底改造，工作方法、世界观还是资产阶级的，“听、跟、走”还没有完全解决。认识了这些根本性的问题，就必须按照周总理提出的知识分子改造的两条根本途径努力进行彻底改造。

毛主席在“关于正确处理人民内部矛盾的问题”里说：“广大的知识分子虽然已经有了进步，但是不应当因此自满。为了充分适应新社会的要求，为了同工人农民团结一致，知识分子必须继续改造自己，逐步抛弃资产阶级的世界观，而树立无产阶级的、共产主义的世界观，世界观的转变是一个根本性的转变，现在多数知识分子还不能说已经完成了这个转变。我们希望我国的知识分子继续前进，在自己的工作和学习的过程中，逐步地树立共产主义的世界观，逐步地学会马克思列宁主义，逐步地同工人农民打成一片，而不要中途停顿，不要向后倒退，倒退是没有出路的。”我一定要继续按照毛主席的指示加强改造，逐步地树立无产阶级世界观。

为此，我今后要加强学习毛主席著作，活学活用、学用结合、急用先学的方针。带着问题学，逐步解决下列问题：

1．为了解决科学研究方向的三脱离问题，必须认真地学习毛主席的《实践论》和《人的正确思想是从哪里来的？》两篇哲学论文。因为实践才是一切知识的源泉，要做好任何工作，必须从实践出发，大兴调查研究，坚持理论联系实际的原则。

2．为了正确分析国际国内各种矛盾和正确处理各方面关系的实际问题，学习毛主席的《矛盾论》和《关于正确处理人民内部矛盾的问题》。

3．为了克服资产阶级个人主义名利思想和重专轻红的思想，要不断学习毛主席的《纪念白求恩》和《为人民服务》。

4．树立领导、专家、群众三结合的工作方法，必须要记住：千条万条党的领导第一条，千难万难依靠群众就不难。

5．经过这次四清运动，必须牢记两个“千万不要忘记”：(1) 千万不要忘记阶级和阶级斗争，提高警惕，克服麻痹思想。(2) 千万不要忘记自我改造，干到老，改造到老，老当益壮。

在"小组鉴定"一栏指出了张玺在自我检讨中所列的自身的优点和错误。标明时间是：1965年9月12日。小组长签名是一枚印章，印名是郑执中。在被鉴定人一栏是张玺自己的签名。后边是"中国科学院海洋研究所"的公章，写有："同意小组对张玺的鉴定意见。"时间是：1965年9月20日。

第六节　张玺的"绝密"材料

在张玺的一份档案材料上盖有"绝密"字样，是当时组织上给他的鉴定，看时间应该是"四清"运动后的鉴定。在这份《张玺材料》上写道：

张玺，男，1897年生，汉族，河北平乡人，家庭出身：地主，本人成分：职员，1952年参加九三学社，1949年11月北京解放后留用，现任全国人民代表，九三学社中委、青岛分社主委，中国湖沼学会理事长，科联青岛分会副主席，海洋研究所副所长兼南海分所所长，无脊椎动物研究室主任，二级研究员，原政治态度中左。

一. **历史表现**

该人社会关系及个人历史比较清楚，未发现重大政治历史问题，本人曾交代：1946年9月认识世界科学社负责人唐嗣尧，唐曾发给张一张《世界科学》特邀编辑书，经查证：唐系军统特务，“世界科学社”是为进行特务活动而作掩护的，但名单中未有张的名字，为此，张未参加“世界科学社”。

解放后，张在抗美援朝运动中，曾有变天思想。“土改”、“镇反”持中立态度，“三反”及思想改造，态度尚老实。五七年整风反右中，表现积极，能主动批判储安平“党天下”及所内一些反党分子的反动言论，反右斗争初期对斗争其老朋友有些犹豫，经教育后尚能认清，表现较好。整风后在政治上划为左派，1963年市委统战部决定改为中右。

二. **现实表现**

对党的领导的态度：

该对党的领导的一般是拥护态度，但在某些问题上有不满情绪。

(1) 张对三面红旗在公开场合发表的都是正面言论，没有起坏作用。口头表示拥护。如他表示“形势好转的主要原因是由于党的英明领导，三面红旗的正确和贯彻了各项方针政策所取得的”，但当九三成员问他时，他却打着哈哈说“党的领导嘛！”表现了半信半疑的态度。对国内外形势的认识该发表了不少正面言论。在一些会议上还常常教育别人要正确认识，但在某些重要问题上，仍保着怀疑动摇态度。如他说“东风压倒西风是肯定的，西风比以前弱了，我们更加强大了，修正主义危害性虽大，但并不是不得了，世界革命大旗在我们手里”。有时他又表示“我感到越学越糊涂，刚弄清一个问题，遇到另一个问题就又糊涂了”。

63年组织要他通过与苏联专家联系关系寄去关于国际共产党主义运动总路线的建议，他表现犹豫动摇，开始迟迟不寄，并说“四国渔委会时，我还要跟古教授（苏专家）见面呢”。后见我国再次广播，才寄出。

在形势学习中，他说“我不亲美，但也恨不起来”，“我们同印度打仗，一下就打到新德里，但同美国打，怎么能打到华盛顿”。他担任九三学社主委，在九三的党员几次叫他去市委统战部汇报，他都不愿去。

（2）该对党的科研方针在和个人利益不冲突时，能够积极拥护，对自己抓的几个组的工作尚能注意督促检查。但一与个人名利相抵触，就不能接受，在科学方针上不是全心全意。如他为了个人名利，63年对海军交给的任务，态度很不积极。

三.四清运动中暴露的问题：

1. 在人事问题上和我们党争领导权

在作法上，张采取了培植亲信、扩大建立他所需要的研究组，以作为他的政治资本。如自50年以来，张玺就培养了一套忠实为他服务的人马，这些人都是剥削阶级家庭出身，社会关系复杂，思想落后。如齐钟彦（副研，贝类组组长）、楼子康（右派，已摘帽子。研实）等十余人。张对其亲信业务上大胆使用，外出为他们吹捧，生活上对他们照顾有加。去京讲课，向新华社吹嘘楼是一个有才的青年。为梁羡园提职问题多方游说，将梁与人合作的一篇论文通过答辩达到了提升助研的目的。研究室业务会，如果他的亲信没有通知到，他就大发雷霆。一次为贝类组调出人员，他发火说："齐钟彦这个人不争气，我为他创业，他却不能守业。"一次他为了要留一个他认为听话的干部当行政干事，竟对人事科同志发脾气说"是你领导我，还是我领导你！"

2．散布资产阶级思想影响

张在工作上是不负责任，长期不亲自动手，热衷于追求个人名利，向青年散布资产阶级个人主义思想，以物质刺激拉拢青年人，无偿的占有别人劳动果实。他的工作大部分是出差、视察、开会，别人写文章他挂名拿钱，解放以来他积极鼓励手下的研究人员忙于编写论文，甚至在63年还组织大量人员编计划之外的《中国动物图谱》等。这些东西，他自己从不动手，只签上名，就可以分得多半稿费，很多稿件根本不仔细审查就寄出，甚至错误百出的文章也不惜为了几元小利而挂上名。平时对青年灌输的是资产阶级名利的思想。如64年为了"中国图谱"能早日出版，到处拉拢人员，对见习员刘银成说"抄一张稿子八分钱"，鼓励刘多抄多拿钱。还利诱一些同志的家属为其抄稿。由于他散布的这些毒素，对青年影响很坏。

这次运动中，初期对大字报抵触情绪较重。见大势所趋，才作了检查，检查一般尚好，也开始注意抓业务工作，但该人言行不一致。五月初，该室庄启谦、楼子康接到自然科学名词编辑室来函要求他们校正软体动物名词，张不向工作队及党支部汇报，竟然命令庄启谦停止二天鉴定急用的中越合作标本，而鉴定名词。运动后期，张玺仍持有不满情绪。如说“党的方针政策我们不能掌握，如果我们掌握了说你篡夺领导权，过去室的专职书记没有，叫室主任抓，我们一管就放毒”。“过去有些人因为没有升级就对我这个室主任有意见，因此运动中有些故意为难。”

综上所述，解放以来，张玺在政治上有一些进步，对形势学习比较关心，可以跟着党走社会主义道路。口头上拥护党，但内心有怀疑与抵触，其资产阶级世界观没有得到很好改造，资产阶级思想对青年影响较大。其业务专长为软体动物，但学术水平不高，长期以来没有接受新的东西，在动物学界及所内威信不高，群众对他期望不大。

根据以上表现，其政治态度原为中左，现拟划为中中，并建议保留全国人民代表大会代表职务。

中共海洋研究所委员会

1965年8月日

附录　张玺著作目录

1930 年

* 地中海软体动物后鳃类的几种拟态现象. 法国动物学汇报，55(3).213~218

* 低盐度海水对软体动物后鳃类的作用. 国际海洋学会议，1:253

1931 年

* 一种裸鳃类（边仿海牛）胚胎凝缩一新例. 法国科学院记录，192:302

* 普娄旺萨沿岸软体动物后鳃类的研究. 法国国家博士论文，1211

* 几种海产鳚科鱼类对盐度变化的抵抗力. 里昂生物学会记录，108:123~637

1933 年

* 中国沿岸一个大鲸鲛畸形鳃的研究. 法国动物学汇报，58:423~424

* 青岛食用软体动物的初步研究. 山东大学丛刊，1(2).40~52

1934 年

* 青岛沿海后鳃类的研究. 北平研究院动物研究所丛刊，2(2).11~48

* 厦门沿海裸鳃类一新种、新属. 同上，2(2). 149~165

* 几种海产动物对温度变化的抵抗力. 里昂生物学会记录，116:10~56

烟台海滨动物之分布. 北平研究院动物研究所中文报告汇刊，7:166

1935 年

北平寡毛类及蛭类之研究. 中法大学学院特刊，2:1~104（合作者曹新荪、邵子成）

* 海仙人掌之体量变化及氯化钾、钙、镁、钠等与发光之关系. 北平研究院生理研究所丛刊，3(5).87~ 94（合作者经利彬、戴笠、刘玉素）

中国海岸之两种肠鳃类. 北平研究院动物研究所中

文报告汇刊，13:1~12（合作者顾光中）

胶州湾海产动物采集团第一期采集报告．同上，11:1~95

1936 年

* 文昌鱼之一新变种．北平研究院动物研究所丛刊，3(4):77~114（合作者顾光中）

胶州湾及其附近海产食用软体动物之研究．北平研究院动物研究所中文报告汇刊，16:1~14（合作者相里矩）

戴笠著《软体动物发生与环境》之分析与批评．生物学杂志，1(1).82～94（合作者经利彬）

胶州湾海产动物采集团第二及第三期采集报告．北平研究院动物研究所中文报告汇刊，17:11～76（合作者马绣同）

1937 年

青岛文昌鱼与厦门文昌鱼之比较研究．胶州湾海产动物采集团专门论文集，5:1～35（合作者顾光中）

* 胶州湾海产动物采集团所获之蟹类．北平研究院动物研究所丛刊，3(6)315～381（合作者刘永彬）

中国海岸几种牡蛎．生物学杂志，1(4):29～51（合作者相里矩）

1940 年

山东沿海之前鳃类．中法大学理学院特刊，11:1～40（合作者赵汝翼、赵璞）

1941 年

滇池鱼类病敌害之初步研究．北平研究院动物研究所中文报告汇刊，21:1～10（合作者刘永彬）

1942 年

中国海产动物研究之进展．

1943 年

云南蛇类的初步调查．旅行杂志西南学术专号，101～108（合作者成庆泰）

1945 年

云南水生经济动物及其应用．云南建设，2:88～92

洱海渔业调查．同上，2:97～100（合作者成庆泰）

青鱼人工受精孵化之实验．同上，2:93～96（合作者刘永彬）

滇池的鸭业．同上，2:101～103（合作者成庆泰）

滇池食用螺蛳之研究．中法文化，1(4).1～6（合作者成庆泰）

滇池枝角类及挠脚类之研究．北平研究院动物研究

所中文报告汇刊，22:1～11（合作者易伯鲁）

1946 年

昆明附近爬虫类之记载．中法文化，1(8).1～8（合作者成庆泰）

* 中国海产动物研究之进展．美国自然科学工作者，80:593～609

* 云南杨宗海青鱼人工孵化的研究．多伦多大学研究，54 67:41～47（合作者刘永彬）

1947 年

云南的淡水海绵．科学，29（2)：3～65（合作者成庆泰）

* 昆明湖螺蛳生长与生殖关系之研究．巴黎生物学记录（合作者成庆泰）

云南医学院的几种畸形怪胎．云南大学医学杂志，1(1):1～8

1948 年

* 云南昆明湖形质及其动物之研究．北平研究院动物研究所丛刊，4(1):1～24

1949 年

* 胶州湾之海洋环境及其动物之分布．中国动物杂

志，3:55～61

* 昆明湖西岸两种螺蛳的区域差异和两性异型的研究．北平研究院动物研究所丛刊，5(2).67～77（合作者夏武平）

* 田螺科螺蛳属之检讨．同上，5(1).1～26（合作者齐忠彦）

胶州湾海产动物采集团第四期采集报告．北平研究院动物研究所中文报告汇刊，23:11～13（合作者马绣同）

* 云南淡水软体动物及其新种．北平研究院动物研究所丛刊，5(5).205～220（合作者齐钟彦）

1950 年

* 中国海岸的几种新奇角贝．中国动物学杂志，4:1～11（合作者齐钟彦）

北戴河动物采集志略．科学通报，1950(7):1～74

1951 年

胶州湾潮面动物研究的初步报告．中国海洋湖沼学报，1(1):25～42

1953 年

塘沽新港凿石虫研究的初步报告．科学通报，1953(11).59～62（合作者齐钟彦、李洁民）

1954 年

船蛆．同上，1954(2):55～58

1955 年

中国北部沿海的船蛆及其形态的变异．动物学报，7(1).1～16（合作者齐钟彦、李洁民）

中国北部海产经济软体动物．科学出版社（合作者齐钟彦、李洁民）

无脊椎动物名称（软体动物和原索动物）．科学出版社（合作者齐钟彦）

1956 年

牡蛎．生物学通报，1956(2).27～32（合作者楼子康）

中国牡蛎的研究．动物学报，8(1).65～94（合作者楼子康）

栉孔扇贝的繁殖和生长．同上，8(2).235～253（合作者齐钟彦、李洁民）

1957 年

僧帽牡蛎的繁殖和生长的研究．海洋与湖沼，1(1).123～140（合作者楼子康）

我国的扇贝．中国青年出版社，1103（合作者齐钟

彦）1964．1975 再版

1958 年

僧帽牡蛎肉质部的增长与季节关系的研究．海洋与湖沼，1(2).239～242（合作者楼子康）

中国南部沿海船蛆的研究．动物学报，10(3):242～257（合作者齐钟彦、李洁民）

1959 年

中国黄海和东海经济软体动物的区系．海洋与湖沼，2(1).27～34

蚌的形态、习性和我国常见的种类．生物学通报，1959(5).204～212（合作者林振涛）

中国南海经济软体动物区系．海洋与湖沼，2(4).268～277（合作者齐钟彦）

近江牡蛎的摄食习性．同上，2(3).163～197（合作者齐钟彦、谢玉坎）

十年来的中国科学生物学 1．动物学（无脊椎动物）．科学出版社

牡蛎．科学出版社，1～156．（合作者楼子康）

近江牡蛎的养殖．科学出版社，1～72（合作者谢玉坎）

1960 年

中国的海笋及其新种．动物学报，12(1).63～87（合作者齐钟彦、李洁民）

南海的双壳类软体动物．科学出版社，1～272（合作者齐钟彦、李洁民、马绣同、王祯瑞、黄修明、庄启谦）．

中国沿岸的十腕目（头足纲）．海洋与湖沼，3(3).188～204（合作者齐钟彦、董正之、李复雪）

田螺的形态、习性和我国习见的种类．生物学通报，1960(2).49～57（合作者刘月英）

我国一些主要贝类的养殖．生物学通报，1960(5).197～200（合作者谢玉坎）

1961 年

贝类学纲要．科学出版社，1～387（合作者齐钟彦）

1962 年

中国经济动物志（海产软体动物）．科学出版社，1～246（合作者齐钟彦、李洁民、马绣同、王祯瑞、林光宇、黄修明、董正之、庄启谦）．

偏文昌鱼属在中国海发现和厦门文昌鱼的地理分布．动物学报，14(4).525～528

中国海无脊椎动物区系及其经济意义．太平洋西部渔业研究委员会第五次会议论文集，13～20（合作者刘瑞玉、齐钟彦）

珠母贝及珍珠的形成．生物学通报，1962(1).1～4（合作者张福绥）

1963年

中国经济动物志（原索动物）．科学出版社，117～132（合作者张云美）

中国海软体动物区系区划的初步研究．海洋与湖沼，5(2).124～138（合作者齐钟彦、张福绥、马绣同）

1964年

中国海兔科的研究．海洋科学集刊，5:1～25（合作者林光宇）

中国海竹蛏科的研究．动物学报，16(2).193～206（合作者黄修明）

中国软体动物三十年来的发展与成就．动物学杂志，6(6).251253

中国动物图谱（软体动物）．科学出版社（合作者齐钟彦、楼子康、黄修明、马绣同、刘月英、徐风山）

1965年

中国肠鳃类一新种——多鳃孔舌形虫．动物分类学

报，2(1).1～8（合作者梁羡园）

洞庭湖及其周围水域的双壳类软体动物．动物学报，17(2).197～213（合作者李世成、刘月英）

鄱阳湖及其周围水域的双壳类，包括一新种．同上，17(3).309～317（合作者李世成）

海南岛潮间带的后鳃类软体动物．海洋与湖沼，7(1).1～20（合作者林光宇）

中国侧鳃科软体动物的研究．海洋与湖沼，7(3).265～276（合作者林光宇）

1975 年

西沙群岛软体动物前鳃类名录．海洋科学集刊，10:105～132（合作者齐钟彦、马绣同、楼子康）

1984 年

合浦珠母贝生长的研究．珍珠贝文集科学出版社，1～8（合作者谢玉坎、黄贤建、金启增）

说明．带“*”者为以外文发表者。